# ブッダと仏塔の物語

杉本卓洲
Sugimoto Takusyu

大法輪閣

# 目次

## 【第一部　仏塔の始まり】



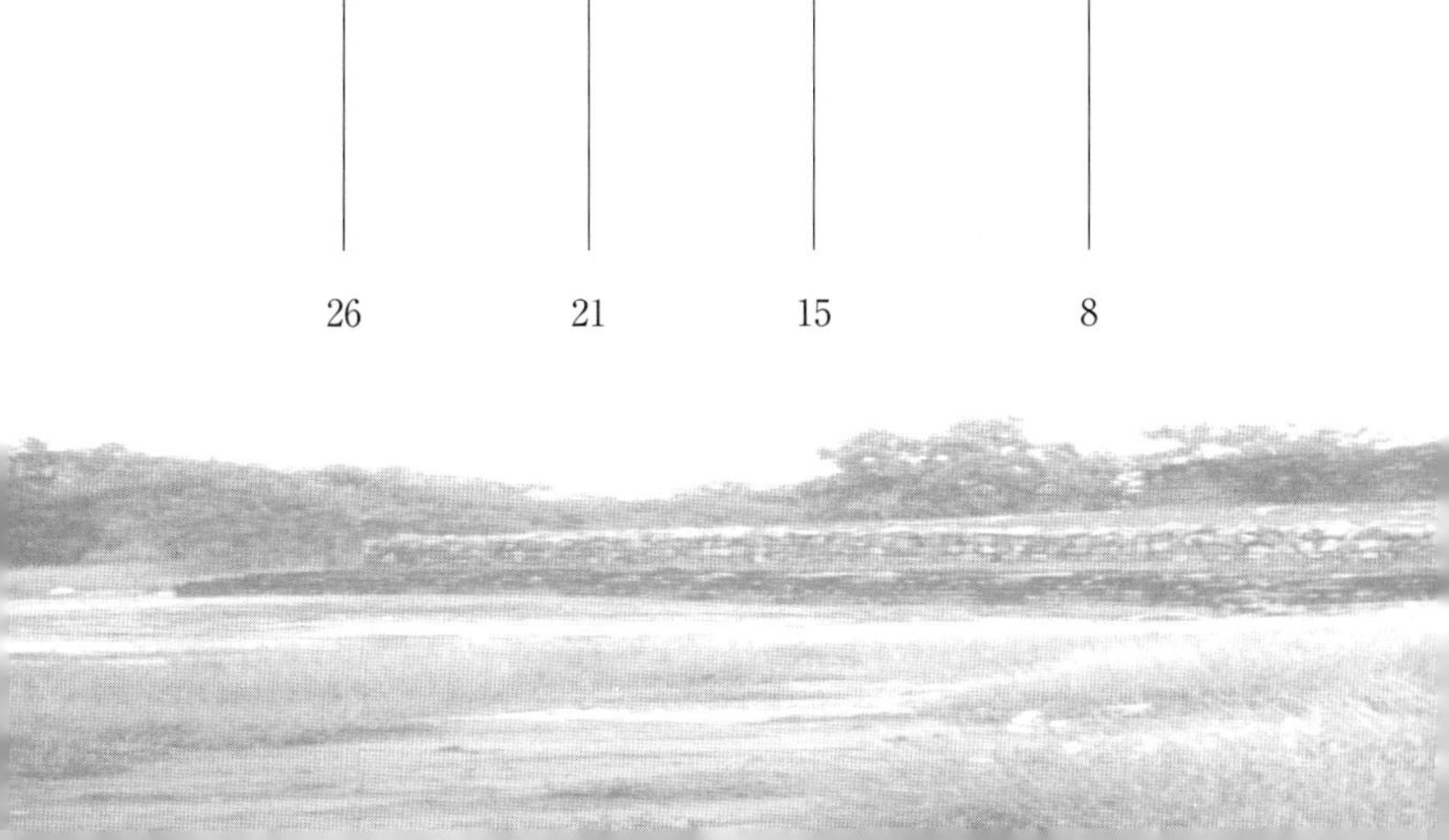

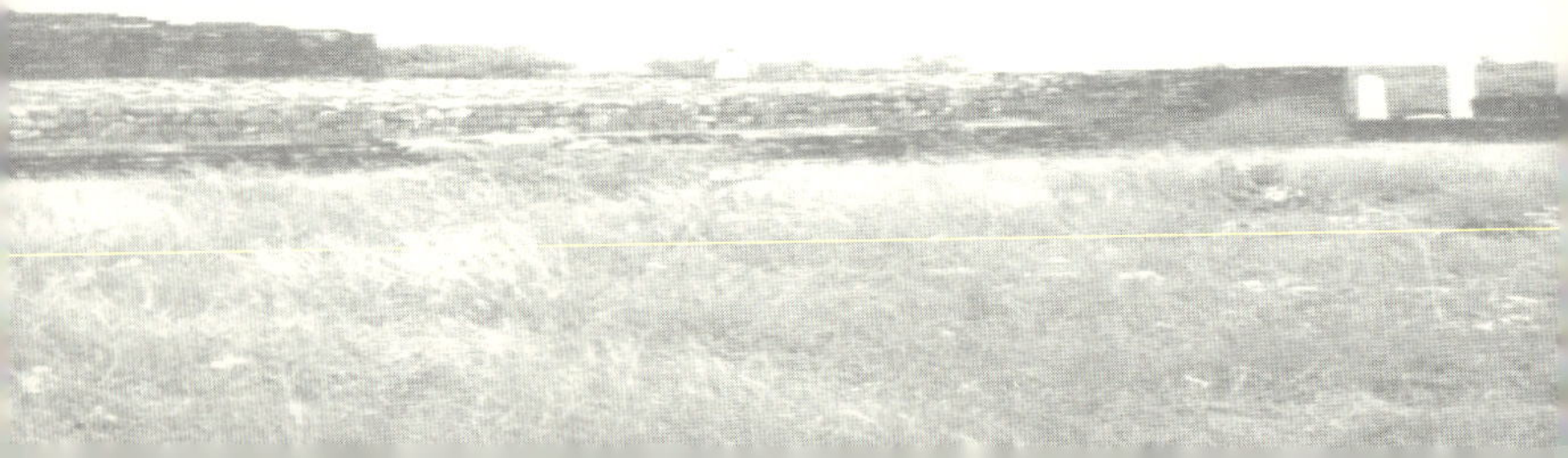

装丁…清水良洋（Malp Design）

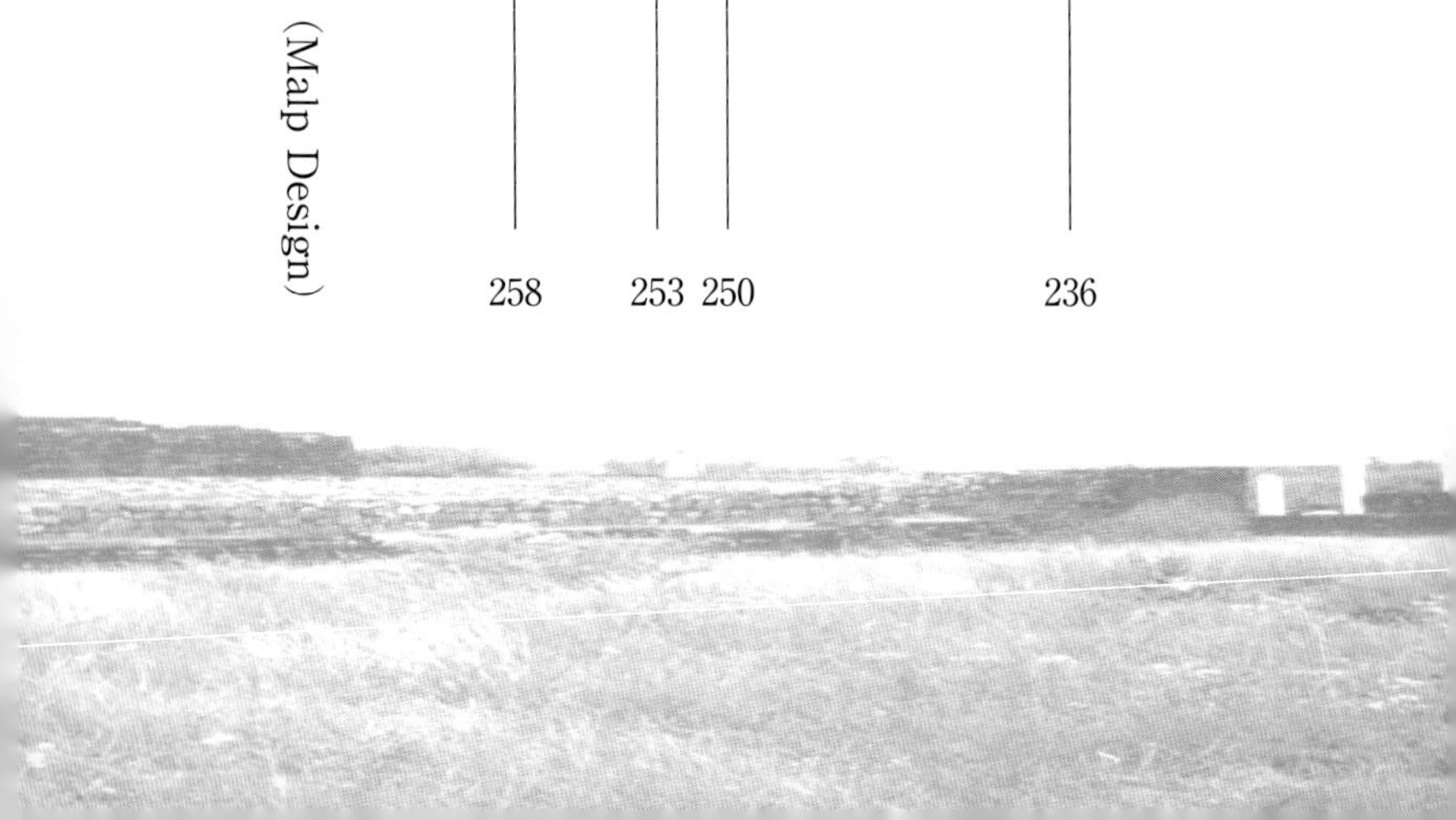

# 第一部　仏塔の始まり

# 第一章　ブッダの涅槃と葬儀

## 一、ブッダの涅槃と遺訓

ブッダ釈尊は、周知のように、八十歳で涅槃《ねはん》に入られた。仏典の伝えるところによれば、実はもっと長生きできたのであるが、自ら寿命を縮められたのだという。それなら、何歳まで生きられたかというと、永遠に生きられたのだといわれる。ブッダの生命が永遠だというのは、のちの無量《むりょう》寿仏《じゅぶつ》、すなわち阿弥陀仏《あみだぶつ》の誕生につながる考えである。

ブッダの死について、とくに涅槃ということばを使うには理由がある。

インドには輪廻という考えが古くから存在した。人間をはじめ生きとし生けるものすべては、生まれ変わり死に変わる、と信じられた。河の流れのように、車の輪がまわるように、生と死は永遠に繰り返し続ける、というのである。ところが、これは苦しみ以外の何ものでもないとされた。そこで、その苦しみからの解放を願い、人々は出家し、森に入って修行をし、解脱《げだつ》というものを求めた。解脱の別の名が涅槃であり、苦より離脱し永遠の安楽を得ることを意味していた。

涅槃には二種あった。一つは有余涅槃《うよねはん》といい、まだ肉体を残したままでの悟り、すなわち菩提樹《ぼだいじゅ》下《げ》で生きながら心の平安を得たことを指している。もう一つは無余涅槃《むよねはん》といって、肉体も煩悩もすべて消滅した、絶対安心《あんじん》の境地である。ここに到った者は、もはや再びこの世に生まれくることはなくなり、輪廻の苦しみから解放される。こうしてブッダは、もう二度とこの世に生まれくることのない死、すなわち涅槃に入られたわけである。

ブッダは涅槃に入られる前に、弟子たちにいくつかの遺訓《いくん》を残していった。

まず一つは「わたしの亡きあとは、わたしの教えた法と律とが汝《なんじ》らの師である」というのである。これは、涅槃に入ったブッダを頼りとしてはならない、という意味である。ブッダを神のように信仰したりせず、教えられたことと戒めを護《まも》り、身をただして生きよ、と諭《さと》している。

次に「法を見る者はわれを見る」ということばである。法とはブッダが教えた事柄を指す。教えを見きわめ実践した者は、結局はブッダにまみえることになるのだ、というのである。

第三に、「自己と法とをよりどころとし、他をよりどころとするなかれ」というものである。自分の道は真理にのっとって自ら確立していくべきで、真理・真実でないものに頼ってはならず、たとえブッダであれ、他者に頼ってはならない、という意味である。

そして、「一切のものは無常である。怠《おこた》ることなく努めよ」というのが、最期のことばであった。

これらはすべて厳しいものばかりである。このようなブッダの涅槃と遺訓は、その通りに信じられ、護られたのであろうか。決してそうではなかった。弟子や信者たちにとって、ブッダは消滅し去った方ではなく、また頼りとせざるを得ない方であった。これが仏塔を生み出す起因となるのである。

## 二、ブッダの葬儀と舎利供養

ブッダが涅槃に入らんとするとき、アーナンダ（阿難《あなん》）は師に対して、涅槃後のご遺体はいかがいたしましょうか、と問うた。これに対して、ブッダは次のように静かに諭す。

「アーナンダよ。汝らは如来《にょらい》（ブッダ）の遺骸（舎利《しゃり》）の供養に従事するに及ばない。汝らは自己の目的のために努めよ。自己の目的に怠らず熱心に専念しておれ。如来に清らかな信仰をもつクシャトリア・バラモン・資産家の賢者たちが、如来の舎利供養を行なうであろう」

葬儀は在家の信者たちにまかせるべきで、出家の僧たちはかかずらうな、修行に専念せよ、というのである。しかし、アーナンダはそれに満足せず、執拗《しつよう》に葬儀はいかようにすべきでしょうか、と何度も問い続ける。

そこでブッダは、アーナンダに次のように説いた。

それは転輪聖王《てんりんじょうおう》の葬儀にならって行なえ、というのである。

最初に、遺体を綿の布で幾重にも、五〇〇重にもまく。次に棺に入れる。鉄や金の棺に、香油を満たして入れる。棺も二重、三重とする。第三に、火葬堆《かそうたい》を設置し荼毘《だび》にふす。火葬のための薪《まき》には栴檀《せんだん》などの香木を用い、荼毘するときには音楽を奏《かな》で、華を散じる。香乳を注いで火を消す。そして最後に、遺骨を収拾し壷に納め、それを祀《まつ》るストゥーパを大道の四つ辻（人が迷う危険な所、交易・祭礼の場）に建立する。ストゥーパは、中心に柱を立て、その上に傘をつけ、絹の布や旗を垂らし、華・香・音楽・灯明等を捧げて、祭りを行なって供養する。

以上が、転輪聖王のための葬法である。転輪聖王とは、古代インドの人々が求めた理想の帝王で、車輪をまわす王を指す。その車輪は戦車の輪ではなく法の輪（ダルマの車輪、アショーカ石柱頂に車輪がある）であって、武力によってではなく正義によって世界を支配する王である。太陽の輪が宇宙の中心にあるように、まさにこの世界の中心に鎮座《ちんざ》する王である。三十二相という三十二種の超人的な身体の特徴、金輪《こんりん》・白象・紺馬《こんめ》・神珠《しんじゅ》・玉女・居士《こじ》・主兵の七宝、長寿・無病・端正・宝蔵の四徳をそなえている。彼は人民を安穏ならしめ、貢《みつ》ぎ物を献上されれば自らのものとせず、人民のために用いる。国民を慈しむことあたかも父が子を愛するがごとくであり、国民が彼を慕うことあたかも子が父を仰ぐがごとくである。

インドでは民族や部族の間で紛争が絶えず、国家を統一し安定させてくれる王が切望された。転輪聖王こそそれに応《こた》える者であった。

ブッダももし出家しなかったら、このような王になったであろう、といわれる。ブッダの葬儀が転輪聖王のそれにならって行なわれるというのは、ブッダが王としてもてなされたことを意味する。

このようにして、ブッダの葬儀は僧であるアーナンダの指揮のもとに、クシナーラーに住むマッラ族の人々によって、バラモン・長者・大臣たちが主役となって施行された。

まずサーラ樹林において、遺体に対して舞踏や音楽、華や香による供養がなされ、みこしに載せられて、マクタバンダナ・チェーティヤ（チャイティヤ）という名の火葬場へと運ばれた。そこで先ほどの順序通りに、遺体は綿布で巻かれ、棺に納められ、火葬堆が築かれ荼毘にふされた。

それにしても、おかしな葬法である。何重にも布で巻かれ、鉄や金で造られた棺に納められた遺体が火葬にされた、というのである。ミイラ造りのようであり、蒸し焼きみたいなものである。しかも「舎利だけが残った」という。すでに仏典の記述が誇張化され、ブッダが神聖視されたことを示し、文献の新しさを物語る。

点火したものの火が燃えなかった。というのは、ブッダの第一の弟子で法統を継ぐはずのマハーカッサパ（大迦葉《だいかしょう》）が、遠方にあってまだそこに来合わせていなかったからである。彼がようやく到着し、火葬堆のまわりを三回右まわりにまわって礼拝したところ、火は自然に燃え上がった。灰など余分なものは残らず、舎利のみが残った。天と地から水が噴き出し、火を消した。

舎利は七日間宮殿内に安置され、音楽と舞踏でもって礼拝・供養された。

このようにしてブッダの葬儀は無事終了したが、これを聞いた周辺の部族の長たちが、ブッダの舎利を求めて駆けつけてきた。そして、あわや舎利争奪戦が繰り広げられそうになった。

## 三、舎利八分伝説

クシナーラーでブッダの遺体に対する葬儀がすべて終わったとき、隣国パーヴァーに住むマッラ族が、このニュースを聞いて駆けつけてきた。そして、ブッダはわれわれの敬愛する師であると言って、舎利の分け前を要求した。次いでアッラカッパのブリ族、ラーマガーマのコーリヤ族、ヴェータディーパのバラモンたち、カピラヴァストゥのサーキヤ族、ヴェーサーリーのリッチャヴィ族、そして最後に、マガダ国のアジャータサットゥ王（阿闍世王《あじゃせおう》）が、それぞれ舎利を要求してきた。

ところが、クシナーラーのマッラ族は、自分たちの領内でブッダは涅槃に入られたのだから、われらのみが供養する資格があり、舎利を分けるわけにはいかないと言って拒絶した。その結果、ことは重大な局面を迎えることになった。他の部族の長たちは軍勢をひきいて、クシナーラーに攻めてきたのである。クシナーラーの方でも、それらを迎え撃つ準備が整えられた。

そのとき、ドーナ（ドゥローナ）という名のバラモンが仲裁をかってでた。そして、次のように説いて皆を諭した。

「わたしたちの師ブッダは、忍耐と慈しみを説いた方でした。その方の舎利のことで争うのは相《ふさ》応《わ》しくありません。わたしが均等に分配しましょう。あなた方はそれぞれの地にストゥーパを建てて、人々にブッダへの信仰を広め、大いなる福を得させなさい」

皆は彼の提案を受け入れた。そして、ドーナに舎利の分配の仕事がまかされた。分けられた舎利は各地に持ち帰られ、「舎利塔《しゃりとう》」が建てられ、祭りでもって供養された。

一方ドーナは、舎利をはかるのに用いた瓶《かめ》（あるいは舎利を納めていた壷）をもらい、自国に帰り「瓶塔《びょうとう》」を建立して祀《まつ》った。

舎利の分配がすでに終わったところに、ピッパリヴァナのバラモン（あるいはモーリヤ族）が舎利を求めてやって来た。しかし、もう舎利はなかったので、炭を持ち帰り「炭塔《たんとう》」を建てて祀ることになった。一般に「灰塔」といわれる場合が多いが、経典には「灰は残らなかった」と書かれているので、それは適当でない。また、他の伝本でも大体「炭塔」とあるので、「炭塔」とした方がよい。

このようにして、八つの舎利塔、それに加えて瓶塔と炭塔の計十塔が、最初の仏塔として建てられ、祭りでもって供養されることになった。

# 第二章　舎利八分伝説の検証

## 一、ピプラーワー塔

仏舎利が八等分され、それぞれ塔が建立され祀られた。そのうち、サーキヤ族（シャカ族、ブッダの出身部族）によって建てられたと想定される塔が、ピプラーワーで発見された。一八九八年のことである。

ブッダの誕生地ルンビニーの西約三〇キロ、ウッタラ・プラデーシュ州のバスティ県ビルドプールに位置している。高さ六・八メートル、直径三五メートルの非常に大きい塔である。五メートルほど掘ったところ、一・三二×〇・八二×〇・六七メートルもの大きさの石棺が出土し、中から壷や鉢が五個（六個ともいわれる）ほど、それに一〇八〇点にもおよぶ副葬品が発見された。壷の一つに碑文があり［図1］、次のように読むことができた。

「このシャカ族の尊きブッダの舎利容器は、栄えある兄弟・姉妹、息子たちとその妻たちが一緒

図1　ピプラーワー出土の碑文を刻む舎利容器

に（寄進したものである）」

これによって、ブッダが歴史的に実在の人物であることが証明されたとされ、今日ではほぼ定説となっている。

ところが、この碑文の読み方と異なる解釈をする学者が何人かいて、それによれば次のような内容とされる。

「これはシャカ族の尊きブッダの親族の、栄えある兄弟・姉妹、息子たちとその妻たちの遺骨の容器である」

つまりブッダの舎利ではなく、ブッダの親戚の人たちの遺骨を納めた壷だというのである。

七世紀にインドを訪れ『大唐西域記《だいとうさいいきき》』という大インド旅行記を著した玄奘《げんじょう》（三蔵法師として有名）は、カピラ城（カピラヴァットゥ）周辺にはいくつもの仏塔が存在していたことを報告している。ところが、仏舎利塔については全然触れていない。その代わりに、コーサーラ国の王子ヴィルーダカによって殺戮《さつりく》された、シャカ族の人たちの遺骨を埋葬した塔については詳しく伝えている。

伝承によれば、シャカ族はブッダの生存中にヴィルーダカによって攻撃され、部族は滅んだという。大打撃を受けたはずの彼らが、このような石棺と多くの副葬品を納めた大塔を建造することができたのか、疑問の湧くのを禁じ得ない。

一九七一年から七四年にかけて、ピプラーワー塔の再発掘が行なわれた。六メートルほど掘ったところに、新たに煉瓦《れんが》作りの二つの部屋が発見され、それぞれ遺骨の入った壺が、銀貨などわずかな副葬品、他の三個の皿とともに出土した〔図2〕。発掘の指揮をとったシュリーシュタワは、これらこそ仏舎利の分け前を祀ったオリジナルな舎利容器だ、という見解を発表した。そして、前に発見されたものは、後世の模造品だと主張した。たしかに舎利壺は、以前に発見されたものは磨きがかかり精巧であるのに対し、新しく発見されたものはやや粗野で古さを感じさせる。数多くの副葬品をともなう仏塔は、のちのガンダーラ地方や南インドに認められ、それらと共通している。

このように、ピプラーワー塔についてはいろいろと問題があり、まだ検討すべき点が多く残されている。

## 二、伝説のフィクション性

舎利八分と十塔建立の伝説については八種ほどの伝本が記しているが、その間に混乱が多く、考古学的資料も乏しいために、どこまで真実なのか確かめることはきわめて難しい。最も古いとされる南方の伝承が一番ほかの諸本と異なった内容を伝え、疑問を

図2　ピプラーワー新出土の舎利容器

抱かせる部分が多い。たとえば、最も遠いマガダ国の王の使いが最初に舎利要求に駆けつけたとあったり、炭をもらって去ったのはモーリヤ族（詳細不明）という部族だという（他の本はすべてバラモンとする）。パーリ仏典が古いとは決していえない。

伝説そのものの虚構性については、いろいろとあげられる。

第一に、この物語を載せる経典には「八」という数字が多用されていて、舎利八分もそれにならったものといえる。ブッダ涅槃のとき大地に八種の振動があった、というのをはじめとして、八部衆、八勝処、八解脱、八斎戒《はっさいかい》、八功徳水、八正道《はっしょうどう》などを数えあげることができる。八という数は正義・公平・豊富などを象徴し、幸運・吉祥をもたらし、全体・総体・完全を表わし、ひいては超越性を示すといわれ、特別な意味をもっていた。

第二に、第九番目のドーナの瓶塔、第十番目の炭塔に関する伝承が一致しておらず、また仏舎利以上の信仰を示し、ブッダへの敬愛の深さを物語っており、伝説の新しさを感じさせる。瓶塔の所在地のみならず、ドーナという人物についても出身地をはじめ不明な点が多く、ドーナとはもともと「計量」を意味することばで、多分に架空の存在であることをうかがわせる。

第三に、舎利を受納した人たちと場所が、それぞれ二つずつ対をなし、四組の構成をなしているのが指摘される。

まず、クシナーラーのマッラ族とパーヴァーのマッラ族の対立関係である。両者はカクッターー河をはさんで、南と北とに対立しあっていた。おなじマッラ族でありながら、仏舎利塔を共同で建立し、ともに供養することがなかった。パーヴァーは、伝えによれば、ジャイナ教の開祖ニガンタ（マハーヴィーラ）の入滅の地（本当は別の地に求められる）で、ジャイナ教の信仰が盛んなところであった。

次に、ローヒニー河をはさんで、ラーマガーマのコーリヤ族とカピラヴァストゥのサーキヤ族とが対立していた。旱魃《かんばつ》のときには激しい水争いを行なった。両者ともブッダの血縁関係にあったが、協調して仏舎利塔供養にあたることを拒否した。

記録が少なく詳細は不明だが、アッラカッパのブリ族とヴェータディーパのバラモンたちの組合せがあげられる。対立関係は定かでないが、隣接しあっていたことは明らかである。しかも、バラモンたちが争いのなかに加わったというのは謎めいている。

最後に、ヴェーサーリーのリッチャヴィ族とマガダ国のアジャータサットゥ王との対峙《たいじ》があげられる。ガンジス河をはさんで北と南にわかれ、骨肉あいはむ激しい戦闘を繰り返した。リッチャヴィ族は、共和国体制をとるヴァッジ国のなかの主要な部族であった。両者の争いは、インド最初の共和制部族国家と専制国家との対決として有名である。

こうした部族や国家の対立および拮抗《きっこう》関係が、仏舎利争奪戦の伝説に反映されている。バラモンのドーナが裁定に入ったことは、そうした対立・対決を非とする仏教の非暴力主義、平等主義、和平主義を標榜《ひょうぼう》したものと解することができる。

　考古学的資料については、先に紹介したピプラーワー塔のほかに、ヴェーサーリーの古塔がある。中にわずかな副葬品と少量の灰土の入った壷が納められていた［図3］。壷はきわめて粗野で副葬品の銅貨から判断して、ピプラーワー塔よりはるかに古いようである。しかし、碑文や舎利はなく、仏舎利塔とみるには決め手を欠いている。

　舎利八分伝説の史実性を明らかにするには、せめてもう二、三箇所の仏舎利塔の発見が望まれる。

図3　ヴェーサーリー古塔の遺構と舎利容器

# 第三章　仏塔の原語

## 一、ストゥーパ

仏塔の原語には、代表的なものとしてストゥーパ（パーリ語トゥーパ）とチャイティヤ（パーリ語チェーティヤ）という二つのことばがあげられる。ここではまず、ストゥーパについて述べてみよう。

ストゥーパは種々に漢訳・音訳されたが、主な音写語として「卒塔婆《そとうば》」がある。それが塔婆と略され、周知のように、今日わが国で墓に建てられる板柱の呼び名となり、それがさらに短縮されて「塔」になった。

ストゥーパとは本来的には頭髪、毛髪の房、頭の上部、家の主梁《しゅりょう》および頂上などを意味し、次いで堆積、土や粘土の積み重ね、火葬堆、そして最後に特別の意味として仏教の記念碑、遺骨の奉安所、骨箱などがあげられ、これが仏塔ということになる。

インドの最古の聖典である『リグ・ヴェーダ』には、樹木の冠、火炎の冠、天地をつなぐ軸柱《じくちゅう》、

図4　火炎柱として崇拝されるブッダ（アマラーヴァティー）

黄金のかたまりなどの意味で用いられている。これらは仏塔の意味や機能を考える上で、それぞれ大きな意義を有している。

まず樹木の冠とは木の葉の群がりを指し、仏塔の土饅頭《どまんじゅう》型に類似し、樹木と仏塔の関連を示唆している。火炎の冠とは赤く燃え上がる炎、燃え盛る火のかたまりを指し、仏塔が火葬の薪《まき》の積み重ね、火葬場と関連することにつながっている。南インドの彫刻図にブッダが火炎柱《かえんちゅう》でシンボライズされ崇拝されている例があり［図4］、火炎とブッダとは深く結合している。天地をつなぐ軸柱は仏塔の心柱《しんちゅう》（しんばしら）を指し、宇宙論的なシンボリズムと関わっている。最後の黄金のかたまりというのは、永遠の光明、不死なる生命を表わし、仏塔や仏像が黄金に塗られるのもこの理由による。

このほか、ストゥーパには家の屋根、柱、門の扉、家の頂上などに付けられる、水差しや水瓶《すいびょう》のかたちをした頂華《ちょうか》（フィニアル）の意味もある。水瓶は吉祥と不死なる生命のシンボルで、仏塔の主要部である半円球の部分が「覆鉢《ふくばち》（あるいは伏鉢）」（鉢を逆さに伏せたもの）と呼ばれることと密接に関係している。

仏塔は、いうまでもなく、ブッダの舎利を納めた墳墓である。しかし、ブッダ以外の人のためにもストゥーパは造られた。たとえば、有名なバラモン教師が亡くなったときに、弟子たちが彼の遺体を荼毘にふし、砂のストゥーパを造ったとか、ある資産家が亡父のために火葬場より遺骨をもってきて、自分の屋敷内に土のストゥーパを作り、華を捧げて供養したと記されている。また、前述のように、シャカ族の人たちの遺骨を納めた塔の伝えもある。しかし、こうした記事はきわめてまれで、例外的なものでしかない。また、あとで見るように、ジャイナ教の方でもストゥーパを有していた。しかし、遺骨も舎利壷も得られず、多分に記念碑的なものである。

このようにストゥーパ・イコール・仏塔といえない面もあるが、仏教系のストゥーパが本流であり、文献と考古学的資料の上で最も多く得られ、ストゥーパはそのまま仏塔を指しているといっても過言でない。

## 二、チャイティヤ

もう一つの仏塔の原語チャイティヤは、漢訳仏典では「支提《しだい》」とか「制多《せいた》」と音写《おんしゃ》される。意訳として「廟《びょう》」「塔廟」と表わされるが、中国の霊廟《れいびょう》などと完全に異なるので、こういう訳語は誤解をまねき易い（イスラームの廟の屋根とかたちは似るが、時代を異にする）。

動詞の語根「チ」（積み重ねる、堆積する）からきたことばで、石や煉瓦《れんが》などなんでも積み重ねて造るものを指している。仏塔以前の宗教的建造物としては、火を祀るための聖火壇《せいかだん》があった。それは一般にチャヤナと呼ばれたが、ときにチティヤとかチャイティヤと呼ばれる場合もあった。

また、チャイティヤとはバラモンたちが行なっていた供犠祭《くぎさい》の祭場を指し、そのときは犠牲として捧げられる動物を結わえる柱と同一視された。しかし、その柱は正式にはユーパと呼ばれた。ところが、このことばが仏塔の中心の柱の名称として採用されている。動物の殺生を禁じたはずの仏教の建造物には、そぐわない名である。さらに、火葬の薪の積み重ねがチターとかチティと呼ばれるが、それともチャイティヤはつながっている。ブッダの遺体を荼毘《だび》にふした火葬場は、チャイティヤ（チェーティヤ）というところであった。

しかし、チャイティヤの最も一般的な意味は、神聖な樹木を指している。チャイティヤは「チ（知る）」や「チント（考える）」という動詞と関連し、その場所は記憶し忘れてならないところである。大樹のあるところに火葬場が設けられるか、火葬場や墓場に木が植えられるかして、それが記念樹となり聖域となった。

それとは別に、インダス文明期以来、インドでは聖樹崇拝が盛んで、今日にまで及んでいる。とくに繁殖力の旺盛な樹木は、聖なる力をもつものとして信仰の対象とされた。菩提樹《ぼだいじゅ》はその代表的な例である。本来の名はアシュヴァッタ樹とかピッパラ樹と呼ばれる。巨木で葉が繁り、心地よい木陰と涼しさを与えてくれる。旅人の憩いの場、修行者たちの瞑想の場となった。菩提樹とは、そこでブッダが菩提（悟り）を得たから名づけられたものである。菩提樹はチャイティヤの名で、華や香などが捧げられ崇拝されている。樹の下には台座が設けられたり、ほこらが造られたりしている。ブッダもときどきチャイティヤにおもむき、そこでよく説法を行なった。ブッダは、そこは非常に心地よく楽しい場所だ、と繰り返し称賛している。

また、樹木には、ヤクシャとかヤクシーと呼ばれる精霊や女神が住むと信じられた。供養する者には、幾多の恵みをもたらした。樹の下にやって来た人に、木から手を出して食物や水を恵んでくれたり、座椅子を用意してくれたりした。「如意樹《にょいじゅ》」とか「劫樹《こうじゅ》」といって永遠の生命を宿す樹、「生命《いのち》の樹」で、人々が望むものを何でもかなえてくれる「打ち出の小槌《こづち》」のように、神話的な樹もあった。それを表わす彫刻が発見されているが、幹のまわりには金銭いっぱいの巾着《きんちゃく》が付けられている［図5］（かたちが仏塔に似ている）。

図5　如意樹（ベースナガル）

樹の女神は人肉や動物の犠牲を要求し、恐ろしい面をもっていたが、反面子孫繁栄、作物や家畜の多産などの豊《ほう》饒《じょう》をもたらし、恵み深き機能を有していた。今日でも、村はずれの大樹の女神にヤギやニワトリなどを捧げ、悪霊や疫病などの村への侵入を防いでくれるよう祈られている。

このような樹木の授福性《じゅふくせい》は、仏塔供養が大いなる功徳をもたらす、ということと密接に関わっていた。

# 第四章　仏塔の起源

## 一、丸屋根がモデル？

仏塔の起源をめぐっては実にさまざまな見解があり、定説は無いといっても過言でない。まず一番に、基本となるところがどこなのか、それをどこに求めるかで意見が異なってくる。一般的には、半円球の土饅頭《どまんじゅう》の部分が主要な箇所とみなされてきたが、最近では中心の柱が最初に建てられ、そこから始まったものだという見解が提唱され、脚光を浴びている。また、半円球部の上に付設されるハルミカー（平頭《びょうず》）こそ舎利の安置所だった、という見方もある。

ここでは、円墳からきたものだという一番よく主張される説をみてみよう。

まずこの場合、半円球のかたちが何を指しているのか問題となる。最も多いのは、当時の小屋の丸屋根をモデルにしているという見方である。しかし、その屋根は行者たちの庵、バラモンたちの祭場の聖火小屋、アーリアン民族の首長の小屋といった具合に、三通りに主張される。行者たちの庵やバラモンたちの聖火小屋が丸屋根をしていたことは、のちの彫刻図から認められる。墳墓が家を模して切り妻の屋根をもっていたり、遺体を納める陶棺《とうかん》が家のかたちをしているのは、わが国ばかりでなく世界各地に見られる。墓は死者の家として造られたわけで、仏塔もブッダの家を意図して建造された、といえる。

次に、人間の頭蓋骨を表わしているとか、山や女性の乳房あるいは母胎を表わし、山や女神に対する信仰からきているると主張されたりする。また、壷や鉢から由来するともいわれ、半円球の部分が「覆鉢（伏鉢）」と漢訳されるのも、これに沿うものである。

バラモン側の古い文献に『ブラーフマナ』というのがある。それにシュマシャーナ、あるいはローシュタチティと呼ばれる墓のことが記載されている。煉瓦《れんが》をいくつか使用することもあるが、主に土塊《どかい》を積み重ねて造られる。神々に属する人々、すなわちバラモンたちは方形に造るが、神々に敵対するアスラ（阿修羅《あしゅら》）に属する人々で、東方に住む人たちは円形に造る。方形は方角を有するが、円形は方角を失ったもので劣っているという（この考えは、四方形は神々の世界すなわち天界、円形は地界というもので、中国をはじめ多くの国では天は円、地は方形とみなすのと相違する）。

東方の住人でアスラに属する者とは、明らかに仏教徒を指している。バラモン社会はガンジス河中流地域、「中国」と呼ばれるところにあった。仏教の隆盛地域はそれより東方に位置し、仏塔はまさしく円形である。

仏塔は数多く残っているのに、バラモンたちの造った墓はなぜか発見されていない。その理由は、彼らは墓を立ててもそれを祀《まつ》ることをせず、放棄したことによる。彼らは死者に対して忌避《きひ》的態度をとり、墓場は恐怖の対象とされた。墓場から帰るときは振り返らず、死者が戻らぬようにと路に土塊を置いた。仏塔に対する崇敬とは大きな違いである。

シュマシャーナはのちに墓場のほかに死体の捨て場の意味となり、出家の修行者たちが死体を凝《ぎょう》視《し》しながら、生や死について観想し、瞑想する場所になったりした（これはヒンドゥーの行者たちも実践している）。

仏塔の生まれた地域の周辺には種々の墳墓の遺跡が見られるが、仏塔のかたちに最も近いのは積《つみ》石塚《いしづか》ケールンである。大きな石を乱雑に積み上げたもので、やや円形をなしている点に類似が見られるだけである。しかし火葬とは限らず、火葬であっても遺骨を納める壷とか副葬品などはなく、仏塔とのつながりを見つけることは難しい。

さらに、最も一般的な見方として、仏塔は土饅頭《どまんじゅう》の墓から由来しているにすぎない、というのがあげられる。しかし、この考えは仏塔の中心に心柱があることで成り立たない。なぜなら、無いものは例外といえるほど少ないし、無いものが古いとは限らないからである。

## 二、仏塔の始まりは心柱から？

仏塔の起源については、前述のように、多くの先学が実にさまざまな見解を発表していて、まさに百花繚乱《ひゃっかりょうらん》の観がある。そのなかで、仏塔の中心の軸柱《じくちゅう》が最初に建てられ、そのあとでまわりに土や粘土が盛られた、という説が発表された。イギリスの在野の仏塔研究家アーウィンによるものである。

この見解によれば、仏塔はおよそ次のような五段階でもって造られたという。

〈一〉最初にユーパと呼ばれる柱を建てる。これは大地のへそ、「宇宙軸《じく》アクシス・ムンディ」のシンボルであり、それを建てることは宇宙の創造を意味する。

〈二〉次に柱のまわりに土や粘土が積まれ、マウンドないしドームが造られる。

〈三〉土盛り、粘土の積み重ねが拡大され、軸柱がそれらに覆《おお》われてしまう。

〈四〉そこで、軸柱にさらにヤシュティと呼ばれる傘柱《さんちゅう》が、釘《くぎ》かボルトを使って付け足される。そして、マウンドのまわりには擁壁《ようへき》が設けられる。

〈五〉傘柱の頂に傘が付けられる。それは日陰を与える木の群葉を意味するが、同時に菩提樹を指す。その下に台座、そのまわりに玉垣がほどこされる。それはハルミカー（平頭《びょうず》）と名づけられる。ブッダがそこで悟りを得た場所、すなわち「金剛座《こんごうざ》」にあたる。それは菩提樹を祀る祠《し》堂《どう》というかたちをとったり、窓やベランダをもつ楼閣《ろうかく》となったり、種々複雑なものへと変わっていった。

このように柱の建立が最初だという主張の根拠は、考古学的にいくつもの仏塔の遺跡から得ることができる。というのは、盛り土の中にパイプ状のからになった穴、腐った木の柱の遺構などが発見され［図6］、それらこそ心柱のあとを示す、というのである。

さらに、この柱の建立は宇宙の創造神話と結びつくと主張される。

図6　仏塔内の木柱の遺構（ラウリヤー・ナンダンガルフ）

この世界は、原初において混沌のみがあった。光も生命もなく、ただ水だけのものとして、かたちなく存在していた。それは原初の宇宙海を構成していた。そこに水の深みから大地の一つの塊《かたまり》が浮かび上がってきて、表面で固定することなく漂った。やがてその塊は拡大し、原初の宇宙山を形成した。この山は悪魔ヴリトラによって閉じこめられ、生命の河水はふさがれた。そこで、神々の王インドラはその悪魔を殺戮し、河水を解放し、同時に天と地とを離れさせ、「世界軸」によって天をささえた。漂っていた原初の山を宇宙海の底に、インドラ・キーラと呼ばれる釘あるいは杭《くい》を打ってつなぎ止め、固定させた。

このようにして、インドラ神の世界創造は達成された。

仏塔のまわりには、よく水の動物、たとえばゾウ、ワニ、マカラという怪魚、魚などによって装飾されたり、右まわりに仏塔を巡りながら崇拝する道（右遶道《うにょうどう》）には、青色のガラスが敷かれていたりする。これは、仏塔が宇宙山として原初の大海の中に漂っていたこと、その半円球体の部分が卵を意味するアンダという名で呼ばれ、「宇宙卵」として浮かんでいたことを示している。

以上が、アーウィンの説のあらましである。仏塔は単なる円墳でなく聖なる柱の崇拝から始まった、ということになる。柱信仰はインドでは古くから見られ、その影響を否定し得ない（日本の仏塔の心柱にも、類似の観念が働いていると見ることが可能であろう）。それよりも天界と地界とをつなぐ宇宙軸という考えが大きく働いていた。

## 三、農耕民文化と仏塔

仏塔の誕生には、農耕民族の生活や文化が大きく作用していた、とも主張される。インドの仏教学の泰斗《たいと》ロケシュ・チャンドラによる見解である。

周知のように、インドでは家畜、とりわけウシの飼育が大きな位置をしめている。仏塔は、そのウシを結わえておく柱から派生したというのである。

家畜は富のシンボルであり、とくにウシは祭司バラモンへ布施として捧げられ、貨幣の役割を担っていた。ウシを柱に結わえておくと、まわりにウシの排泄物がもたらされ、穀物への害虫の侵入を防ぐ役目をした。今日でも、村では地面に牛糞を塗って穀物を害虫から守る。乾燥すればそこは倉庫として使われる。柱のまわりに稲の束が積み上げられ、その縁には粘土がめぐらされた。このような稲の貯蔵サイロは経済的安定のシンボルであり、飢餓からの解放、翌年の穀物不足の不安からの解消となる。

仏塔も、それを建造した共同体の社会的・経済的安定を表わしている。経典に、仏塔は「稲の穂《ほ》積《づ》み」のかたちに造られるべきだとあったり、仏塔が「吉祥《きちじょう》なる稲の積み重ね」と呼ばれたりするのもその理由による。

以上がチャンドラ説であるが、たしかに、仏塔は「稲の穂積み」のほかに、「水のあわ」「秋の雨雲」のかたち、または「母胎」のように造るべきだと経典に説かれ、豊饒のシンボルであることが知られる。旱魃《かんばつ》のときに仏塔に祈ったら雨が降り五穀の豊饒がもたらされた、と仏典にある。

また、仏塔は水瓶《すいびょう》と密接に関連している。ブッダは、この地に最初に仏塔を造るにあたって、「鉢《はち》を伏せて造れ」と命じた、という。鉢は水瓶と同じで、それに水がいっぱい入って、そこから草木が繁茂し美しい花々を咲かせる。仏塔のなかには、とくに南インドの作例に、頂上から蓮の葉が繁茂するように傘が幾重にも付けられているのを見る。そして中央には、水の動物で、雨をもたらすナーガ（コブラ神）が五個の頭蓋をつけ、身をからませ塔を守護している［図7］。
仏典には、「水瓶をもとにして仏塔を造り供養する。そして無上なる菩提心《ぼだいしん》（悟りを得たいとの決意）を起こせば仏になる」と見える。

　このように、仏塔は農耕民文化との関わりは否定し得ない。それは、仏塔が「母胎」と呼ばれることでさらに強調される。つまり大地なる母、母胎としての世界といった考えにつながり、死者が再びそこに戻り、再生・復活するところの意になる。仏塔には別に「ダートゥ・ガルバ」という呼び名があり、スリランカではダーガバとかダーゴバと呼ばれている。ダートゥとは世界、種子、舎利など、ガルバとは子宮、胎児、芽、蔵所などをそれぞれ意味し、仏塔は舎利の蔵所だけでなく、世界の子宮や胎児、種子が芽吹くところなどの意を含んでいる。ブッダの舎利は、種子（ビージャ）と呼ばれたことも忘れてならない。

　これらはすべて、インドの古い神話で語られる、世界の創造神プラジャーパティを生み出したという「黄金の胎児（ヒランニヤ・ガルバ）」、大乗仏教において説かれる、生きとし生けるものに内在するという「如来蔵《にょらいぞう》（タターガタ・

図7　繁茂する蓮葉の傘蓋（アマラーヴァティー）

ガルバ）」、さらには密教における「胎蔵《たいぞう》マンダラ」といったものにつながっている。

## 四、巨石墓と仏塔

仏塔の起源をめぐって、いろいろな見解があるが、ここでは南インドに多く見られる巨石墓と仏塔との関連についてみてみよう。

巨石を用いて墓や記念碑を造り上げる例は、世界各地に認められる。インド内でも各地に見ることができる。学者のなかには、仏塔もそうした巨石文化を背景にして生まれたと主張する人が少なくない。たとえば、ドイツの学者フランツは、次のように説く。

仏塔は、紀元前五世紀頃に塊状の石で造られた、高位の人のための墓塚から由来している。そのかたちは南インドで発見された巨石墓に類似し、仏塔の前段階、あるいは移行の階層を示している。入念に石を積み上げ、大体半円球体に造られた丘塚は、死者の遺骨を納める場所である。鋪石《ほせき》で整えられた箱を囲んでいる。仏塔の崇拝の仕方である「右遶《うにょう》の礼」も、巨石墓の崇拝から由来する。それは古い巨石文化の太陽崇拝を背景にしており、天体の生命の創造力を強めるとともに、死者を囲む共同体を統合させる、太陽の運行の一つの呪的な反復を意味していた、と。

ここでいう南インドの巨石墓とは、ブラフマギリなどで出土した「円孔をもつ箱式石棺墓」［図8］を指している。製作年代は明確でないが、前三世紀から前一世紀頃といわれる。

石棺は、花崗岩や紅土の四枚の板石を組合せて造られている。そのまわりは多くの砕石で囲まれ、上は積み石で覆《おお》われている。石棺は長方形で、高さと長さが大体二メートル位である。興味を引くのは、四枚の石板の組合せ方である。太陽崇拝と関係があるとされる卍《まんじ》型（スヴァスティカ）——その反対の逆卍型もある——にされていることである。石板には、舷窓《げんそう》に似た円形の孔が開けられている。遺骨や供物、副葬品を入れるためのもの、死者の霊魂の出口、人間界と冥界《めいかい》の間の通路などと、いろいろに解釈される。東側に開けられているところから、これまた太陽崇拝と関係しているとみなされたりする。石積みのまわりは、環状列石《かんじょうれっせき》（ストーンサークル）で囲まれている。

この巨石墓の特徴として、次のような三点があげられる。

第一に、遺体の葬法は火葬でなく、洗骨葬《せんこつそう》（二次葬）という形式をとっている。死体をしばらく野に曝《さら》したままか、地に埋めるかして、肉の部分が腐乱してなくなるのを待ち、骨だけになった時点でそれを洗い、骨を再び埋葬するという方式である。集め

図8　箱式石棺墓（ブラフマギリ）

られた骨はそのまま石棺に入れられ、骨蔵器（蔵骨器ともいう）や陶棺に入れられるとは限らない。数人あるいは男女の骨が一緒に入れられたり、一つの墓が何回も使用された。ウマや家畜の骨が混じっている場合もある。

第二に、副葬品が多いことである。とくに鉄製品が多い。斧・ナイフ・鎌・のみなどの生活用具、鋤《すき》や鍬《くわ》などの農具、槍や剣などの武器、ウマのくつわなどの馬具が出土している。そのほか、金・銀・青銅の製品、紅玉髄のビーズ、銅の腕輪、ほら貝の殻、石、動物や女性のテラコッタ像、死者が生前使用したもの、死者への供物と思われるものが多い。

第三に、赤色黒縁土器の鉢や皿・壷・瓶、円錐形で先に把手《とって》や輪のついた蓋《ふた》などが、副葬品として多く出土する。

このように、おびただしい数の副葬品の出土は、死者が非常な尊敬をもって崇拝されたことを物語る。巨石墓を築いた民族が厚葬思想を有し、死者崇拝、遺骨崇拝を一つの基本的で本質的な信仰としていたことを示す。

鉄製の農具の使用や家畜との合葬は、彼らが家畜の飼育を伴った農耕民であったことを推定させる。だが武器や馬具などの出土は、好戦的な騎馬民族か遊牧民族であったことをもうかがわせ、学者の間で見解の分かれるところとなっている。しかしながら、農耕を主体にしていたであろうことは、彼らの墓が潅漑用の貯水池の近く、村落や耕地を見渡せる高台、あるいは耕地の真ん中に造ら

図9　アンデール仏塔内の舎利安置室プラン

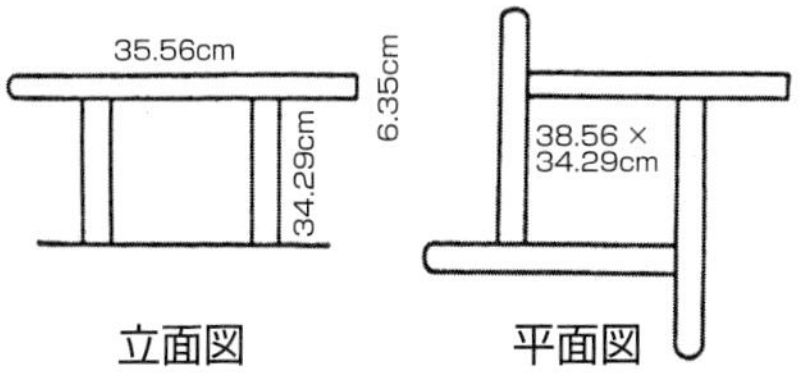


れていたことから明らかである。また、このような墓が一ヵ所に数多く造られていることは、大規模な共同作業を実施できる、かなり強力で統率力のある支配者がいたことを物語る。

こうした巨石墓と仏塔とを比較してみると、洗骨葬と火葬というように葬法が異なり、仏塔の舎利容器に相当するものが前者では必ずしも必須でないことなど、違いが大きい。しかし、石板に孔はないものの、中インドのアンデール仏塔の舎利容器の安置室の構造と、前者の石板の組合せ方（ここでは逆卍型になっているが）が酷似していて注目される〔図9〕。また南インドのナーガールジュナコンダの仏塔の基部プランも類似していて、逆卍型に煉瓦が配置されているのが認められたりする。

また、仏塔からは農具や武具などは出土しないが、壷や皿などの土器類、金・銀の製品、紅玉髄のビーズ、動物や女性の人形などが多数出土し、この点で共通している。仏塔がブッダに対する崇敬、すなわち厚葬思想を基盤にしていたことはいうまでもない。

南インドからは、太陽の日輪が宇宙の中心に存在するように、この世界の中心に鎮座《ちんざ》するといわれる「転輪聖王《てんりんじょうおう》（古代インドの理想王）」を描く彫刻が数多く求められる。前に述べたように、仏塔は転輪聖王の墓をモデルにして造られた。この転輪聖王の墓こそ巨石墓であったとみるならば、「巨石墓から仏塔へ」という道筋は、あながち否定し去ることはできない。しかし、地域の上で両者は非常に離れていて、問題を投げかけられる。

## 五、聖火壇と仏塔

古代インドにおいて、人々は種々の祈願のもとに神々に対して数多くの祭式を行なった。家の中では、家主が炉の火に穀物や油などを捧げ、毎日家族の安泰などを求めて祭式を行なった。また、特別に聖火小屋が作られ、数人のバラモン祭官が招かれて行なわれる場合もあった。最も盛大なものは、アグニチャヤナ祭という名の供犠祭《くぎさい》・ソーマ祭である。そこでは、何年もかけて大きな聖火壇が築かれ、人間や動物の犠牲が行なわれた。また、ソーマという神酒が捧げられ、神々との酒宴が行なわれた。アグニチャヤナのアグニとは火および火神を意味し、チャヤナとは積み重ねのことである。煉瓦を五層に重ねて、鳥のかたちに組み立てるというものである［図10］。

仏塔の原語の一つにチャイティヤという語があることを前に述べたが、チャヤナと同じく語根「チ」（積み重ねる）から派生したことばで、ともに煉瓦の積み重ねを意味している。煉瓦に相当することばが、バラモン教の最古の聖典『リグ・ヴェーダ』に見えないところから、煉瓦による建造物はアスラ（阿修羅）、すなわちバラモン社会に対立する人々に属するといわれたりする。

このように、アグニチャヤナ祭と仏塔崇拝とは文化的に何らかの関連があることが推定される。

第一に、ともに再生・復活と宇宙の生成のシンボリズムが認められ、生天《しょうてん》と不死の世界、つまり梵天界《ぼんてんかい》と涅槃界《ねはんかい》への到達が目的とされる。

聖火壇は、宇宙の創造のために疲労し、ばらばらになった創造神プラジャーパティの身体を元通りに復活させ、不死の状態にさせることを目的として築かれる。鳥型に築かれるのは、祭主が鳥となって天界に飛翔し、究極的には不死の世界、つまり再び輪廻することのない梵天界への到達を目指している。

ブッダの場合は、涅槃によって身体は完全に無とされたはずなのに、仏舎利は「生命」「種子」とみなされ、舎利供養・仏塔供養というかたちで再生・復活された。ただし、プラジャーパティとは逆に、ブッダの遺体は仏舎利としていくつにも分割された。やがて、それを祀《まつ》った仏塔がブッダの不死なる身体、すなわち「法身《ほっしん》」を表わすものとして、信仰の中核にすえられた。そして、仏塔は心の浄化、生天のみならず、不死すなわち涅槃の獲得を目指して崇拝されるようになる。究極的には崇拝者自らが仏になることが目的とされる。それは、祭主が神プラジャーパティになることを目指したのと軌を一にする。

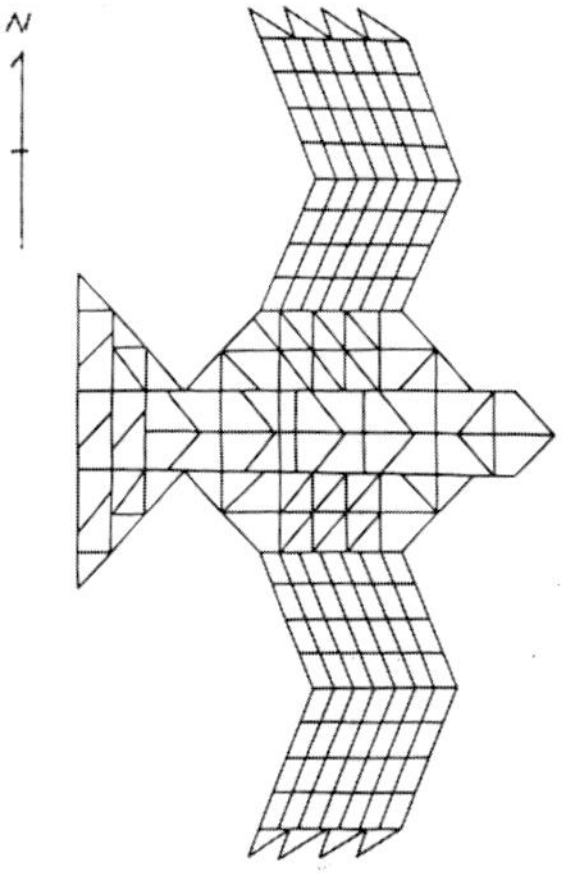

図10　鳥型の聖火壇

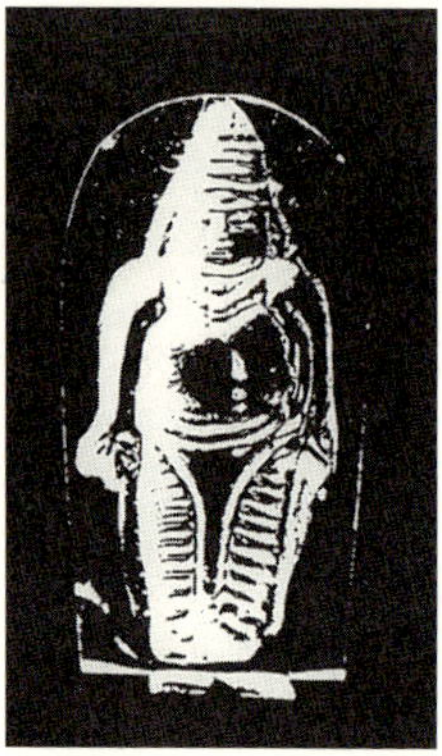
図11　黄金人間

第二に、両者とも煉瓦による建造物で、中に納める品物、献納品においてもパラレルな面を有し、共通点が認められる。

聖火壇の中には、金の装飾品、黄金人間、生きたカメ、ウカーと呼ばれる壺（人形のようなかたちをしている）、五種の生類《しょうるい》（人間・ウマ・牡ウシ・ヒツジ・ヤギ）の頭などが納められる。黄金人間［図11］とは金製の人形で、祭主を表わすとされるが、仏塔から出土する人物像に似ている。カメは天への道を知る生きもので、「動物の知性」とみなされる。生きたカメを入れるのは、聖火壇が墓と間違われることのないように、との理由からである。これは聖火壇が墓の意味をもっていることを暗示している。ウカーには人間の頭蓋骨が入れられる。五種の頭とは人身御供《ひとみごくう》、動物犠牲を表わしている。しかし、実際の人間や動物ではなく、金製、テラコッタ像（土偶）、穀物の粉を練って作ったもので代用してもよいといわれる。

ウッタラ・プラデーシュ州のカウシャーンビーから、実際にアグニチャヤナ祭に使われた鳥型の聖火壇と推定される遺構が発見された。くちばしから尾までが約一五メートル、両翼の広さが約一一メートルの大きさである。ゾウ・ヤギ・牡ウシ・ライオン・水牛などの動物の骨、人間の骨、頭蓋骨、ウカー壺に相当する容器、ヘビのかたちの鉄製品などが出土した。さらに、月の女神と推定される女性像の上部［図12］が発見された。

仏塔内からは、あとで見るように、金や銀をはじめとする種々の宝石類、金の装飾品、数多くの皿や壷、金製の人間像、ゾウや鳥の像、カメと鳥の合成動物のようなテラコッタ像、女性のヌード像などが出土している。聖火壇と共通するものが少なくない。

第三に、仏塔を構成する部分の名称のいくつかが、犠牲祭や聖火壇と密接に関係している。まず注目されるのは、前にも指摘したが、仏塔の中心柱がユーパと呼ばれていることである。ユーパとは聖火壇の東端に立てられる柱のことで、犠牲《いけにえ》の動物を結わえる役目をしている。一般に「祭柱」という訳語をあてられる。これを初めて知った学者は何かの間違いではないか、と思ったほどである。仏塔は動物の犠牲などと関係あるはずがないからである。

図12　月の女神（カウシャーンビー）

次にあとで述べるが、仏塔の基壇はメーディーと名づけられる。これは犠牲を意味するメーダということばから由来している。聖火壇に納められたカメもメーダと呼ばれる。

さらに欄楯《らんじゅん》（玉垣）をヴェーディカーというが、犠牲祭での祭具や供物置場を指すヴェーディ、二つ建てられる聖火小屋で大きい方をマハーヴェーディ（大祭場）、あるいはウッタラヴェーディ（主要な祭場）と呼ばれるのに関連をみる。また、欄楯の貫石《ぬきいし》のことをスーチというが、これは祭壇、神々の座処に敷かれる聖なる草の先端のとがった新芽、葉を意味するスーチャから来ている。

　このように、多くの点で、仏塔がバラモン文化の影響を受けながら生成したであろうことが想定される。しかし仏教は、いうまでもなく殺生や飲酒を禁止した。したがって、動物犠牲や人身御供、酒を神々に捧げて供応することなど、許されるはずがなかった。バラモン側の用語を採用しながら変容を加え、意味の上で大きな転換をはかったといえる。

　聖火壇は祭りの終了後完全に放棄されたが、仏塔の方は永遠の生命を有する存在として、信仰の中心に位置せしめられ、育成・護持されていくのである。

# 第五章　仏塔の構造と供養法

## 一、名称と意味

先に紹介した、仏塔の建立は柱から始められた、という説には賛否両論あり、いまだ仮説の一つにとどまっている。たしかに心柱は大きな意味をもつことは否定できないが、それ以外の構造物にもそれぞれ重要な意義・機能がこめられていた。それらも仏塔を考える上で軽視することはできない。

仏塔の構成を見る上で、そのモデルといえる作例がサーンチーの大塔（第一塔）である〔図13、カバー・表紙写真〕。およそ紀元前一世紀頃の製作で、残存する仏塔の中で最も完全で、しかも古い様式やかたちを保持し、各部の名称を見るには非常に便利である〔図14〕。

まず、半円球の部分は、前から話してきたように、覆鉢《ふくばち》（アンダ）と呼ばれ、その下に基壇《きだん》（メーディー）が置かれる。覆鉢の上には、平頭《びょうず》（ハルミカー）と呼ばれる四方形の箱状のものが載る。

その周囲を欄楯《らんじゅん》（ヴェーディカー）という名の玉垣が囲む。さらに平頭の上に傘竿《さんかん》（傘柱《さんちゅう》、ユーパ・ヤシュティ）が建てられ、三重の傘蓋《さんがい》（傘《かさ》、チャットラ）が付けられる。

基壇の周囲と覆鉢の上縁の両方に、右まわりに巡行し礼拝するための右遶道《うにょうどう》（プラダクシナ）が設けられる。覆鉢の南側には、手摺《てす》りのついた階段が取り付けられる。基壇の周囲の遶道の外側には、さらに大きな欄楯が巡らされる。

欄楯は三本の貫石《ぬきいし》（スーチ）でつながれ、上に笠石《かさいし》（ウシュニーシャ）が被《かぶ》せられる。四方には、塔門（トーラナ）が設けられる。二本の長い角柱から成り、上部にやや曲線状の三本の水平材すなわち横梁が通される（わが国の神社の鳥居によく似ている。だからといって、鳥居の起源だと断定するのは無理であろう。伝播と見るよりは並行現象と取る方が無難である）。

南門の右側に、アショーカ王建立の石柱が建てられていたが、現在は破損し傍に横たえられている。仏塔とアショーカ王の石柱が、何らかの点で関連していたことを暗示する。

図 13　サーンチー大塔（第一塔）

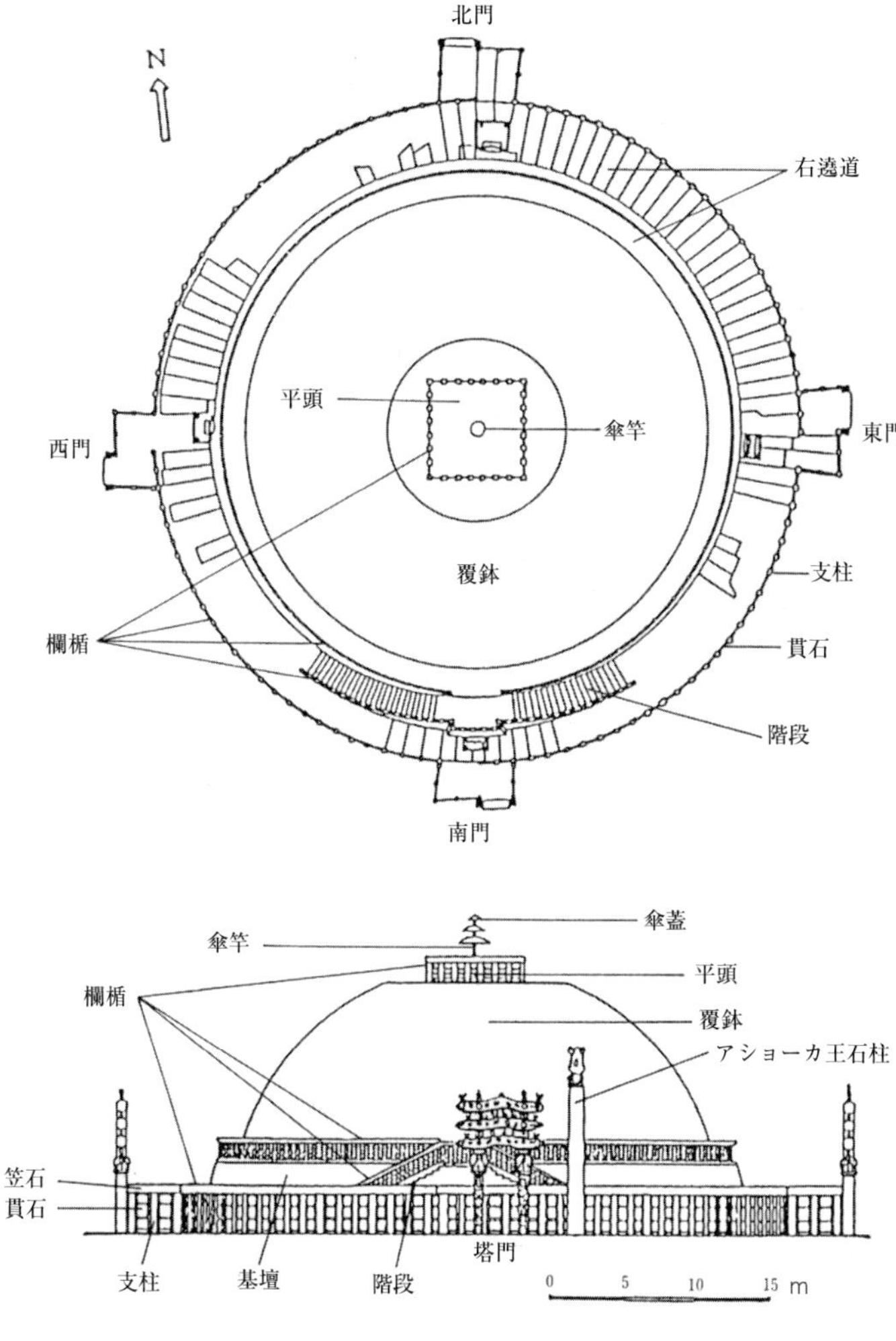


図 14　サーンチー大塔の平面・立面図

半円球部（覆鉢）がアンダ（卵）と呼ばれることは、前にちょっと触れたが、宇宙の始まりにおいて生まれたとされる「黄金の卵」（宇宙卵）に関連している。古い神話に、次のように語られている。

太初において水たち（複数で示される）のみが存在していた。どうにかして繁殖しようと欲した。そこで苦行し熱力を発した。すると、黄金の卵が生じた。卵は一年間漂っていた。一年後、宇宙人すなわち宇宙の創造主プラジャーパティが生まれた。彼は黄金の卵を割った。そして、世界が造られた。

また、別の神話は伝える。

太初において、無のみが存在していた。それが展開し卵が生じた。一年間横たわったのち、二つに割れた。卵殻の一つは銀色となり、それが大地になった。もう一つは金色となり、それは天となった。卵の外側の膜は山、内側の膜は雲や霧、卵管は河、その中の液は海となった。次に太陽が生まれた。そのとき、騒々しい音声、すべての生きもの、一切の欲望が現われた。

仏塔の半円球部が卵と呼ばれているのは、単にかたちが似ているだけのことではない。以上のような神話的な意味を踏まえていることは疑いない。仏塔は決して死滅した人の墳墓などではなく、そこから宇宙万物が生成されるところ、すべてのものが生み出され、生命あらしめられるところ、万物の母胎として造られたことを示唆している。そこには、インド人のあみ出した豊かな宇宙観、宇宙生成論、シンボリズムが働いていた。

## 二、基壇メーディーの意味

仏塔の半円球部を載せる基壇はメーディーと呼ばれるが、それは前に指摘したように「犠牲」、さらには「知恵」を意味するメーダということばから来ている。

犠牲については、ウマの犠牲祭《ぎせいさい》・馬祀祭《ばしさい》（アシュヴァ・メーダ）が有名である。百頭のウマが放たれ、それらのウマが駆け巡ったところが王の領地とされた。一年後それらのウマは引き戻され、そのなかから白色の若い駿馬が選ばれ、窒息死させられた。王の第一夫人がそのウマの傍に横たわり、儀礼上の交合を行なった。そのあいだ司祭官のバラモンが夫人と淫らな会話を交わした。犠牲にされたウマの肉は料理され、司祭官と参加者たちに配られ、残りは地に埋められた。

また、人身御供《ひとみごくう》（プルシャ・メーダ）がなされることもあった。司祭者階級のバラモンか武士階級のクシャトリヤ出身の若者が、宮廷内で童貞のままで過ごすことが課せられ、一年後に司祭官によって殺された。王の第一夫人がその傍に横たわり、やはり儀礼上の交合を行なった。その後、死体は切り分けられて参加者に配られ、村の神に捧げられた。

　これらは王の即位式の際に行なわれ、王に対する聖なる力の付与を意味しているが、かつての農耕儀礼、豊饒儀礼の名残りを示すともいわれる。

　またメーダは、先に述べたように、聖火壇の中に埋められた「生きたカメ」を指している。カメは知性ある動物とされ、天・空・地の三界のシンボル、大地の生命の汁液を体現したものとみなされた。のちにカメは、ヒンドゥーの代表的な神ヴィシュヌの化身の一つになることは、周知の通りである。

　さらに、メーダということばに関して、ブッダが前生においてスメーダという名のバラモン青年であったとき、ディーパンカラという名の過去仏に身体を犠牲として捧げた伝説が想起される。スメーダとは漢訳仏典では「善慧《ぜんね》（よき知恵）」と訳されるが、本来の意味は「犠牲をよくするもの」である。ディーパンカラ仏は「燃灯仏《ねんとうぶつ》」あるいは「定光仏《じょうこうぶつ》」と訳されるが、「灯火《ともしび》を作るもの」の意で、火の神を表わす。火神に犠牲を捧げることを、仏教的に変容した話である。

　スメーダは出家して、山中にこもり苦行に励んだ。そのとき、ディーパンカラ仏が世間に出現した。人々は街を掃除し、仏を迎え供養しようとした。

　スメーダも掃除に加わろうとしたが、それだけでは不満だと、「肉体による奉仕」「生命の喜捨」

をしようと決意した。ディーパンカラ仏が泥道にさしかかったとき、彼は身を投げ出して「わたしの背中を踏みつけてお進み下さい」と言って、自分の長い髪の毛をほどき、それを敷くために泥の上に身を伏した。そして、「わたしもこの仏のようになりたい。他の人々を法の船に乗せて輪廻の海より救い出し、そのあとでわたしは涅槃に入ることにしたい」という誓願を発した。

ディーパンカラ仏はスメーダの心を知り、「汝は将来ゴータマという名のブッダになるであろう」との予言を授けた。

この伝説はバラモンたちが行なっていた犠牲を否定し、身を呈《てい》して仏教へと改宗したバラモン青年を称《たた》える物語である。

基壇のメーディーにはこうした犠牲否定の理念が込められ、きわめて示唆的である。また、仏教の強調する「智慧《ちえ》」がすべての礎《いしずえ》であることを教えている。

## 三、平頭ハルミカー

仏塔の構造のなかで最も謎を多く秘めている部分が、平頭《びょうず》ハルミカーである。実にさまざまな形体があり、学者の間でも、その解釈をめぐって種々見解が分かれる。

古いものに限って、かたちの上で分類してみると、およそ次のような四種になる。

図15　逆ピラミッド型のハルミカー（サーンチー）

〈一〉方形の箱型のもので、周囲を欄楯で囲む例。

〈二〉右のものの上に、逆ピラミッド型（逆梯形）のテラス、あるいは屋根状に幾重にも石板を積み重ねる例。頂上に三角形のぎざぎざが付けられる場合もある［図15］。

〈三〉箱状の部分と屋根の部分との間に隅柱を立てて、空間を設ける例。あるいは、その中にアーチ型の屋根をもつ小屋のような建造物を入れる例［図16］。

〈四〉小屋型ではなく、窓やバルコニーをもつ楼閣《ろうかく》状の建物を付設した例。屋根の上にさらに楼閣を加える場合もある［図17］。

一番目の例はサーンチー大塔に見るように、一番単純なかたちである。上に建つ傘竿《さんかん》（傘柱《さんちゅう》）と傘蓋《さんがい》は樹木のかたちをし、菩提樹をイメージしたもので、その台座とそれを神聖化するために玉垣が巡らされる。ブッダが悟りを得た場所、すなわち金剛座《こんごうざ》を指す。また、別の解釈によると、そこはバラモンたちの造った方形の墓シュマシャーナの名残りであって、そこが舎利の安置する場所であったが、盗難を避けるために、覆鉢の中に奥深く納められるようになったのだ、という（実際には舎利壷の安置所は一定していない）。

第二の形体については、スメール山すなわち須弥山《しゅみせん》との関連が指摘される。この山は宇宙の中心にそびえ、天と地をつなぐ。そのかたちはテラスもしくは階段状に下はピラミッド型、上は逆ピラミッド型に表わされる（わが国の寺院の須弥壇《しゅみだん》にその名残りをみる）。そして、その上に帝釈天《たいしゃくてん》の宮殿が存在するといわれる。したがって、仏塔はこの地界と天界（神々の世界）とを結合させる場所を意味し、地上の人々と天上の神々とがともに合歓しあう聖域であることを示唆する。

第三の小屋状の建物をもつ例は少ない。庵のようなかたちで、そこには聖者が住んでいたことが予想される。のちに仏塔や仏像が祀られる祠堂《しどう》に似る。したがって、そこはブッダが鎮座《ちんざ》しておられる場所、もしくは舎利が祀られた場所とみることが可能である。

図16（右）　小屋をもつハルミカー（バールフット）
図17（下）　楼閣状のハルミカー（バージャー）

第四の楼閣型の建物には、窓から男女の顔が覗いている例が見られたりして［図18］、誰かがそこに住んでいることを示す。多くの学者は、そこは神々が住むマンション、パヴィリオンだと解釈する。そうなると、先ほどの逆ピラミッド型のテラスは、神々の世界の上にそびえる天の階層を示すことになる。図に見える何本もの柱で構成された二階建ての建物

図18　人物の見えるハルミカー（ピタルコーラー）

も、神々の住所といえる（サーンチーからそのような図が得られる）。

ハルミカーとは、ハルミヤ、ハンミヤということばから由来し、古くは堅固な囲い、石の家などの意味で、墓や死者の家、牢獄、ウシの囲い場などを指していた。それがのちになって、大きな堅固な建物、城塞《じょうさい》、宮殿、楼閣などの意味になった。そして、頂上に涼み台をもち、納涼亭、東屋《あずまや》などの意を含むようになる。後二世紀頃のマトゥラー碑文にハールミヤという語が見え、そこでは祠堂を意味している。

もともとバラモン（アーリヤ民族）社会は遊牧に始まり、インドに定着するに及んで牧畜および農耕に変わったもので、宮殿や楼閣などとは無縁であった。ハルミカーのような建造物は、クシャトリヤ階級の進展、すなわち王侯貴族の出現を待たなければならない。前にも見たように、仏塔は転輪聖王というインド人が求めた理想王の墓をモデルにしたものであった。したがって、そこは王の住む宮殿と解釈することが可能であろう。

## 四、供養と礼拝の仕方

インドでは古くから神々に動物犠牲がなされた。今では決して殺されることのないウシでさえ、犠牲獣として捧げられた。とくに女神は血を好むとされ、今日でもヤギやニワトリなどが犠牲にされている。

もちろん仏教は不殺生の立場から、このような犠牲に反対を表明した。したがって、仏塔への供物は動物などと関わりのないもの、香・華・灯明・幢幡《どうばん》（のぼり・はた）・傘・鈴・瓔珞《ようらく》・伎楽《ぎがく》などが選ばれた。

香は燻《いぶ》すものばかりでなく、香油や香水の場合もあり、それらを塔に塗ったり注いだりした。花は花輪として、灯明は塔のまわりに並べられて点《とも》された。幢《のぼり》や幡《はた》などもみな塔のまわりに施《ほどこ》され、塔を飾りたてた。瓔珞とはもともとインドの王侯貴族が身につけた装身具で、珠玉で作られた。それが仏塔への供物とされ、仏塔を装飾するものとなった。

伎楽とは舞楽のことで歌舞音曲《かぶおんきょく》を指している。仏塔に音楽を供養するならば、眼や耳は清らかとなり、最勝の身体を得るようになるといわれる。僧たちも加わって演じた。それが非とされ、戒律で禁じられたが、一部では許されていた。

また七宝《しっぽう》については種々あげられるが、金・銀・真珠・車渠《しゃこ》（白珊瑚《しろさんご》）・瑪瑙《めのう》・瑠璃《るり》（青玉）・玻《は》璃《り》（水晶）などが供えられた。

そのほか、変わった供物として高台・車・衣服などがある。これらは僧たちの利用に供された

図19　仏塔礼拝図（バールフット）

のであろう。カーリーシといって正体不明のものもある。軟膏《なんこう》あるいは乾燥させた牛糞を意味しているようだ。身に塗るか燃料にするかして、僧たちが利用したものと考えられる。しかし、一部の戒律には仏塔への供物を僧は享受してはならないと見えるので、問題となったときもあった。

一滴の胡麻油を捧げることが勧められ、「貧者《ひんじゃ》の一灯《いっとう》」的な供養も認められる。

さらに仏塔の荘厳《しょうごん》、建設や修理のための煉瓦《れんが》の運搬に加えて、仏塔の掃除、除草、蜘蛛の巣や萎《しお》れた花の除去なども、功徳の大きい供養とされ、悟りを得て仏になるとさえいわれたりする。インド人の労働観や職業観から見れば、いわば賤業《せんぎょう》の部類に属する清掃行為が、宗教的に価値あるものと意義づけられている。これは仏教が社会の低階層の人々と結びついたことを暗示し、特筆すべき点である。

仏塔への礼拝の仕方は、合掌と仏塔の前に跪《ひざまず》いて礼拝するのが普通であるが、忘れてならないのは「右遶《うにょう》」という礼拝法である［図19］。仏塔を右まわり、すなわち時計まわりに廻ることである。一回、あるいは三回、あるいは七回と廻る。

この右遶はインド一般に認められ、天体における太陽の運行に準ずるもので、太陽崇拝に関連している。聖・清浄《しょうじょう》・吉祥なものに対する儀礼的行為である。これに対して左まわりの「左遶《さにょう》」は汚れ・忌《い》み・邪悪・病・死・凶なるものと結びつく。麦を刈り取り、積み重ねたところを右遶し豊饒を求める。左遶すれば不作がもたらされることになる。これは右の聖視、左の不浄視と関連し、仏像や僧の着る袈裟《けさ》、女性たちのサリーの着方もこの考えに基づく。不浄なので左肩を覆《おお》い隠すわけである（なお、イスラムの聖地メッカでは、カーバ聖殿を巡礼者たちは左まわりに巡る。日本の観光寺院でも、左まわりに巡るよう案内しているのが多い）。

また、これは卍《まんじ》および逆卍とも関連している。卍は左まわりなので不吉、逆卍は右まわりなので吉祥なはずであるが、なぜかこの原則は守られず、両方とも吉祥・万徳の集まる印として今日も愛用されている（なお、逆卍はナチスのハーケンクロイツと一致するが、その関連については不詳）。

## 五、舎利容器と副葬品

仏塔内に埋蔵され祀《まつ》られるものは、いうまでもなく、仏舎利である。のちには仏弟子たち、高僧たちの塔も造られたので、その場合は彼らの舎利が祀られた。舎利は壷などの容器に入れられ、必ずしもすべてではないが、石棺や石室などの安置室が設けられ、そこへ納められた。ところが、舎利が必ず存在しているとは限らない。また舎利容器は一つでよいはずなのに多数出土する。しかも、舎利だけでなく他の品物が数多く入れられている。それらは舎利に代わるもの、舎利を象徴するもの、あるいは舎利に対する崇敬を表わす供養の品々で、副葬品といえるものである。

舎利容器のかたちは、壷や塔の型が多いものの、長い円筒、鉢、箱の型などさまざまある。あとで触れるカニシュカ王の舎利容器のように、仏像や神像が浮き彫りされた特殊なものもある。素材も土、滑石《かっせき》・大理石などの石、金・銀・銅・ブロンズ・真鍮などの種々の金属、水晶、木、樹皮など多岐にわたっている。大きな容器の中に小さな容器と、幾重にも重ねられている場合もある。貴重な素材のものほど中に納められる。

安置室も大きな石を刳《く》り貫いて造られたもの、板石で組み立てられたもの（卍型の例は前に述べた）、煉瓦を並べて築かれたものなどがある。特殊な例では、彩色が施され、人が入れるほど大きな円形の舎利安置室があったりする。一つだけでなく、いくつもの部屋がある場合もある。

インド最古の塔の一つといわれるピプラーワー塔からは、同じく壷型をした蓋《ふた》をもった滑石製の壷型の容器、水瓶型のものが一つ、水晶製で魚形の把手《とって》を蓋《ふた》にしたもの、低い円筒型のものなど、五箇（あるいは六箇ともいわれる）の容器が出土している。それらは大きな石棺の内に納められていた。

一つの容器からは舎利（前に見たように碑文があり、仏舎利とされた）、他の容器からは一〇八〇点にも及ぶ副葬品が出土した。水晶製の容器からは二つに破損した木製および銀製の容器、卍印あるいは逆卍印・三宝印などのついた金板、上半身裸体の女性像の刻まれた金板、金片の女性小ヌード像、ライオンやゾウを描く金板、孔雀石《くじゃくいし》の鳥像などが発見された。そのほかの容器からは、両方に異なる動物（カメと鳥?）の頭をもつもの、小児像、渦巻き状の装飾板、星型や花模様の金銀細工、宝石製のビーズ、その他白あるいは赤の紅玉髄・紫水晶・トパーズ・ガーネット・珊瑚《さんご》・水晶などの宝石類、貝殻などが見られ、実に多種にわたっていた［図20］。この塔は再度発掘され、また骨を納めた瓶など四箇の容器や皿が出土した。

ガンダーラ地方の事情は、残念ながら盗掘などで発見場所を明確にできないものが多い。舎利容器は塔型が主であるが、塔のかたちもサーンチー大塔に類似したもの、幾重もの傘蓋をもつもの、方形の基壇をもつもの、四方に柱をもつものなど、実に多様である。金製や金箔付きの例もある。塔の半球部には花模様や掌印《しょういん》（五指印といって呪術的な意味を持つ）が刻まれていたりする。もちろんほかの型のものも少なくない。朱塗のものもある。中には、舎利のほかに歯骨、首飾り、ビーズ、ブロンズや水晶製の指輪、赤瑪瑙《めのう》・白と黒の縞瑪瑙《しまめのう》・ラピスラズリ・トルコ石・真珠・水

図20　ピプラーワー塔よりの出土品

図21　ガンダーラの仏塔よりの出土品

晶・赤珊瑚などの宝石類、花形の金や銀の箔、ガラス玉、ファイアンス（陶器）、水晶製の動物像、孔雀石や金製のグリフィン（神話的動物）、金銀銅のコイン、金や銀の管、金の玉、女性のヌード小像などが納められていた。特殊な例としては碑文を刻む銀板、仏座像の印章が入っていたものもある。種々の飾りの製品、石類が砂のようにざくざくと入っている場合もある［図21］。

南インドの例は、地域によって種々の形態をとる。たとえばアマラーヴァティーの場合は、大塔の四方から数多くの容器が発見された。石や土、稀に象牙製があるが、水晶製のものが一番多い。かたちは塔型で、土製の容器の例では中に金製の舎利容器が入っていた。内蔵品は文字の刻まれたラピスラズリのシール、小さな金の花である。実際に舎利が入っていた場合もあるが、金の花、真珠や珊瑚のビーズ、貝殻の円筒形のビーズ、小平面を刻んだ無色透明の水晶でつくられたペンダント、骨製の円筒形のペンダント、美しい青色の緑柱石製の六角形や平たい長方形のビーズ、水晶のビーズなどが見られた。

ナーガールジュナコンダの大塔からは土製の壺が出土し、中に水晶のビーズと銀製の容器、またその中に小さな金製の容器があり、骨の断片、いくつかの金の花、真珠、ザクロ石などが入っていた。そのほかに八塔発見されているが、大体上の例と同じ内容である。特異な例としては、多くの金の蓮華とギリシア人の顔の男性と女性の胸像をもつ、二つのコインを入れた金製の容器を納めたものがあった。コインには二つの穴が開けられ、ペンダントとして使われたことがうかがわれる。仏教徒になった異国の夫婦を表わすとか、女性の方はインド人を示し、チャーンタムーラ王の妹で最大の寄進者であったチャーンティシュリー（あとで記すように、女性の菩薩とみなされる女性）であり、男性は大塔の建設や舎利の奉納式の際に立ち合った外国の権威者を示すのではないかといわれたりする。また数多くの壷や皿と、牡ウシ・シカ・ウサギなどの動物の骨（ジャータカの菩薩たちの骨？）が、テラコッタ製の人形の頭とともに出土した例もある。前に紹介したように、動物の骨の埋葬は巨石墓にも見られ、何らかの関連があろう。

これらの容器や埋蔵品は、種々の意味が込められていたに違いない。宝石類はブッダへの供養品である「七宝《しっぽう》」を示している。とくに黄金は不死・永遠の生命のシンボルであり、ブッダの舎利が永遠の生命を保持するものと考えられたことを物語る。

以上、見たように、ピプラーワー塔の出土品は、のちのガンダーラや南インドのそれらとそれほど異ならない。ピプラーワー塔については、まだまだ検討すべき問題が残されている。

# 第六章　仏舎利塔以前の仏塔

## 一、過去仏カッサパ仏（迦葉仏《かしょうぶつ》）の舎利塔は実在した？

釈迦牟尼仏すなわち釈尊の前に、過去世において六人のブッダが存在したといわれる。なぜか釈尊をも加えて、過去七仏《かこしちぶつ》としてまとめられる。釈尊は自分の説いた法が決して独断的なものでないことを、過去の仏たちが教え示してきた古《いにしえ》の道を再説しているにすぎないとして、真実を証《あか》した。その代表的なものが「善きことをなし、悪しきことをなさず、自らの意《こころ》を浄めよ。それが仏たちの教えである」という、有名な「七仏通誡偈《しちぶつつうかいげ》」である。

また別に、辟支仏《びゃくしぶつ》という仏がいたという。縁起の法を証し、釈尊より以前に存在したともいわれるが、時代を同じくしていた。これはブッダの横的な広がりを示している（ジャイナ教でもブッダの語は用いられている）。それゆえ、ブッダ釈尊の教説は通時的にも共時的にも普遍性をもっていたことになる。

さて、過去仏の塔については、アショーカ王の事跡があげられる。王は即位一四年（西暦前二五五年頃）に、コーナーカマナ仏のストゥーパを再度（あるいは二倍に）増築した。そして、即位二〇年後にこの地に来て、祭りを催し、石柱を建立したという。コーナーカマナ仏とは過去七仏のなかの第五代の過去仏で、カナカムニとも称され、漢訳では拘那含牟尼仏《くなごんむにぶつ》と表わされる。

七世紀にインドを訪れた玄奘《げんじょう》は、コーナーカマナ仏の舎利塔が、やはり同じ過去七仏の第四代のカクサンダ仏（クラクッチャンダ仏、拘留孫仏《くるそんぶつ》）のそれとともに、カピラヴァストゥの近くに存在していたと伝え、そばにはアショーカ王の石柱が建てられていたという。

過去仏の塔で重要なのは、なんといっても第六代のカッサパ仏（カーシュヤパ仏、迦葉仏《かしょうぶつ》）の舎利塔である。数多くの文献が、ほぼ一致した内容の話を伝えている。

ブッダは、比丘《びく》たちとコーサーラ国を遊行しながらバラモン農夫の村トーイカーというところに到着したときに、微笑された。アーナンダがその理由を問うた。するとブッダは、ここは過去世においてクリキー（あるいはシビ）と名づく王がカッサパ仏を信奉し、彼の涅槃後、舎利のために塔を建てたところであると答え、その塔がこの地に埋没しているのだと説き、比丘たちにそれを見たいかと尋ねた。みんなが見たいと答えると、ブッダは神通力でもってその舎利塔を地中から出現させ、それから再び消失させた。そして、これがインド内での最初の塔の建立だ、と説いたという。

また別の話では、一人のバラモン農夫が耕作していたが、ブッダがそばを通り過ぎるのを見て、持っていた杖を大地にさしてブッダに礼拝し微笑んだという。比丘たちがブッダにそのわけを尋ねると、彼の杖の下にはカッサパ仏の舎利塔があるのだと言い、地中から塔を出現させた。

法顕《ほっけん》と玄奘は、コーサーラ国の舎衛城《しゃえじょう》に「都維《とい》（トーイカー）」というところがあり、そこに迦葉如来の舎利を収めた大塔が建っていたと報告している。

仏教と同じ頃に起こったジャイナ教でも、開祖マハーヴィーラより以前に二四人のティールタンカラ（渡し場を造った人、聖者）が存在していたと説かれるが、そのなかには実在した人たちがいたといわれる。仏教の過去仏については実在したか否かは明らかでないが、もしカッサパ仏の舎利塔が発見されたならば、実在の人であったことが証明されよう。また、塔がバラモン農夫や農村と関わっていたことと考えあわせ、仏教の起源にも新たな問題を投げかけることになろう。トーイカーという場所が明らかにされ、発掘されて何か新しい発見がもたらされれば、歴史は塗り替えられることも期待される。

カッサパ仏の塔が一旦埋没し、再びブッダによって地上に現出されたという話は、法華経に載る多宝如来《たほうにょらい》の宝塔の地上涌出《ゆじゅつ》の物語を想起させる。仏塔の消滅と復興を物語化したものといえ、インド仏塔の歩みにいろいろと浮き沈みが存在したことを暗示する。

なお、釈尊の舎利塔以前に建てられたと考えられるものに、辟支仏《びゃくしぶつ》の塔、ブッダより前に亡くなったサーリプッタ（舎利弗《しゃりほつ》）とモッガラーナ（目連《もくれん》）の塔があげられる。

先に述べた辟支仏とは孤高のブッダを指している。師無くして独り悟った（無師独悟《むしどくご》）ところから「独覚《どっかく》」、釈尊と同じく縁起《えんぎ》の法によって悟ったことから「縁覚《えんがく》」と呼ばれる。彼らは説法・教化をせず、ただひとり自らの悟りのなかに閉じこもり、法悦に浸った。それゆえ、独善的とみなされ、他者に働きかける菩薩の下位にあるものとみなされる。しかし、仏典の随所に、彼らは大威力を有するすぐれた聖者と称えられ、涅槃後は舎利塔が建てられて供養された。

律典に、彼らの塔の建立法や供養法が詳細に説かれている。しかし、そこから彼らの舎利塔が早く建てられたという証拠は見つけることは難しい。また、考古学的な資料も得られない。

さらに、ブッダより前に亡くなったと伝えられる二人の弟子の舎利塔も、文献や遺跡から捜し出すことはできるが、残念ながら古い実例と言い難い。サーリプッタの場合は五ヵ所、モッガラーナの場合は六ヵ所に、彼らの舎利塔が求められる。伝説では、彼らの舎利は長い間、故郷の地で保管されていて、のちに塔に祀られたとあり、実際に遺跡で発見される場合は、大体ブッダの舎利塔に付随している。どちらが先か明らかにするのは難しい。

しかし、だからといって、仏塔はブッダ釈迦牟尼仏の舎利塔をもって始まり、それにならって仏弟子たちの塔も造られたとも断定できない。より詳細な考古学的調査が待たれる。

# 第二部　仏塔が語るもの

# 第一章　仏塔は地上の楽園

## 一、転輪聖王の城都としての仏塔

ブッダが生まれたとき、周知のように、アシタという名の仙人が相を占い、この子は将来出家すれば道を成就し、人々を導くブッダになるだろうが、出家しなければこの世の理想の王、すなわち転輪聖王《てんりんじょうおう》になるだろう、と予言したと伝えられる。

ブッダは出家の道を選んだが、入滅後の舎利塔は転輪聖王の墓のように造るべきだとされた。したがって、ここではブッダは王と同一視されたことを示す。前述のように、仏塔は王の墓をモデルにして造られた。墓が家のかたちに造られることは、世界各地で認められる。仏塔は王の家、すなわち王城、王の宮殿、さらには王の住所である城都に対応するものであったことは想像に難くない。

転輪聖王の宮殿や城都については、仏典中に種々に説かれるが、およそ次のようである。

王都は非常に広大で、生きものおよび人々に満ち溢れ、穀物も豊富である。それは神々の神殿とまさに同じである。ゾウ・ウマ・車・太鼓・琵琶・歌・銅鑼《どら》などの種々の音声が鳴り響き、「食べよ。飲めよ。遊び戯れよ」という声が聞かれた。

城は非常に高く、七宝《しっぽう》から成る七重の垣根で囲まれ、四宝から成る四つの門があった。まわりには七宝から成るターラ樹の並木があり、それらの幹・葉・果実も皆七宝から成り、風が吹くと妙なる音楽を奏で、人々はそれを聞いて喜んだ。

並木の間には四宝の煉瓦《れんが》で浴池が造られ、階段・柱・貫木・笠木も四宝より造られ、浴池には青蓮・紅蓮・黄蓮・白蓮などが植えられ、すべての季節に人々は花を得ることができた。

王の宮殿は「法殿」と名づけられ、それは、神々の王であるインドラ（帝釈天《たいしゃくてん》）によって派遣された、天界の工匠ヴィシュヴァカルマンによって造られた。宮殿の上には、四宝より成る楼閣があり、四門と床座が付設された。宮殿は太陽のごとく輝き、まばゆいばかりであった。宮殿の前には、四宝の煉瓦で浴池が造られ、七宝の幹・葉・果実を有するターラ樹の並木が施され、風によって美しい音楽が奏でられ、人々を喜ばせた。

王は、どのような行為によって自分はこのような大威力を得ることができたのかと考えながら、瞑想にふけった。そして、すべてのものに対する欲望と、生に対する執着を断とうと努めた。

以上が、転輪聖王の都城と宮殿の光景、そこで王がどのような生き方をしたのか、を描いた記事である。四方を垣根（欄楯《らんじゅん》）と四門で囲まれ、そばに浴池（蓮池）を備えた仏塔と極めてよく類似している。サーンチーの大塔やブッダガヤーの大塔の近くには、今でも大きな浴池を見ることができる。

半円球体の上にある平頭《びょうず》（ハルミカー）は、前に見たように、楼閣のかたちに表わされることもあるので、そこは法王としてのブッダが鎮座《ちんざ》ましますところ、ということができよう。のちの仏塔になると、半円球の部分が退化し、平頭に相当するところに仏像を安置させるようになるのも、その証拠といえる。

ここで見逃せないのは、転輪聖王の都城の光景が後世の極楽世界や密教のマンダラに酷似していることである。極楽世界やマンダラの起源には、転輪聖王の都城としての仏塔が深く関わっている。

## 二、仏塔と須弥山と極楽世界

仏塔はまた、須弥山《しゅみせん》と密接に関連している。

須弥山とはスメール山といい、妙高山と漢訳される。古代インド人が考え出した世界観に基づくもので、宇宙・世界の中心に位置し、「山の王」といわれる。天と地をつなぐ「宇宙軸」「世界のへそ」に当たるものである。黄金より成り、文字通り「不死の山」であり、唯一なる「不二の山」である（富士山の名もここに由来する）。

その大きさは、海に沈む部分は海より出る部分と等しく、ともに八万四千ヨージャナ（一ヨージャナは牛車が一日進む距離、大体一四キロ）である。山には種々の香木が生い茂り、上・中・下の階段がある。それぞれ垣根・羅網《らもう》・並木があり、それらは皆七宝でできている。垣根には門と横木があり、羅網には鈴がかけられている。垣根の上には楼閣があり、その周囲には花や葉に満ちた浴池があり、無数の鳥が鳴いている。

四方には四万二千ヨージャナの高さの丘陵があり、それぞれ四天王が住む宮殿がある。須弥山の頂上には、神々の王であるインドラ（帝釈天《たいしゃくてん》）の宮殿がある。これらは皆七宝からできていて、鳥たちが美しい声で鳴いている。

また、四方に四つの大陸があり、八つの山、海、叢林、池などが連なり、さらに山々が幾重にも続き、最後の山がヒマラヤ山である。その頂には、水清く、竜王の棲む阿耨達池《あのくだっち》という名の湖がある。そこから四方に大河が流れ出る。さらに山々が連なり、そこでは常に天の歌・伎楽・音楽が奏でられている。

以上が須弥山の光景であるが、いくたびも旱魃《かんばつ》や洪水に悩まされてきたインド人の、豊かな木々、湖、河川などをはらむ山への憧れ、崇敬の念がこめられ、反映されている。そこは一つの楽園として描かれていて、阿弥陀仏の極楽世界と共通していることは誰しも否定できないであろう。ただ、須弥山が山であるのに対して、極楽世界は平地であるのが大きな違いである。ところが実は、これらは皆仏塔の構造や建築法、崇拝の仕方などと類似しているのである。たとえば『ディヴィヤ・アヴァダーナ』という仏典に、次のように説かれている。

仏塔は、黄金によって、まさに母胎のかたちに造られるべきである。四方にそれぞれ四つの階段を作り、それから順次に基壇、覆鉢《ふくばち》を造り、その中に笠柱《りゅうちゅう》を立てる。覆鉢の上には平頭《びょうず》を作り、そこに傘柱《さんちゅう》を立て、露盤《ろばん》を設け、そこにマニ珠を置く。仏塔の四方には、それぞれ周壁を持つ門屋を造る。また四方に浴池を造り、ブッダの誕生・成道《じょうどう》・初転法輪《しょてんぼうりん》・涅槃を記念する大塔を建てる。宝石の山で回廊を築き、さらに付属の建物を四方に施《ほどこ》す。沼池には青・紅・黄・白の各色の蓮華を植え、まわりにも種々の香華を植える。あらゆる季節に果実を実らす木を植え、その果実を仏塔に供える。ほら貝・太鼓・楽器などを用意し、種々の香料や華蔓《けまん》をもって供養する。ブッダのことを念想しながら、仏塔のもとにひれ伏して「自ら彼岸に渡りたい。他の人々をも彼岸に渡したい」と誓《せい》願《がん》を発する。

また『摩《ま》訶《か》僧《そう》祇《ぎ》律《りつ》』という律典にも、同じような記述を見る。

仏塔は七宝で造り、四方に欄楯《らんじゅん》をめぐらし、柱を立て、塔の上は金箔で覆《おお》い、四方に龕《がん》（仏像を祀る凹所）を作り、さらに四方に園林を設け、すべての季節に花や果物を得られるようにし、さらに四方に池を造り、種々の蓮華を植える。

これらの記事が、前に示した須弥山の描写と極めて類似し、よく対応することは、何の説明も要しないであろう。仏塔と須弥山と極楽世界の三者は、密接につながっている。ただ仏塔だけは空想や想像の産物ではなく、現実世界に実在するものであり、訪れた巡礼者たちに憩いと安楽を与えてくれるところであった。仏塔はまさしく地上の楽園の働きを果たしていた。

# 第二章　仏塔の支持層

## 一、仏塔を最も崇拝したナーガ族

ナーガとは、ゾウあるいはコブラを指している。漢訳経典では「龍」とか「龍象」と訳されるが、もちろん中国の龍とは完全に異なるものである。したがって、ナーガはそのままナーガと呼ぶのがふさわしく、龍神などと呼ぶのは適当でない（しかし、訳語では「龍神」が普通に見られる）。

南インドのジャングルで野生のゾウの群れを見たことがあるが、それはそれは恐ろしいものであった。コブラについては、何も言う必要がなかろう。ともに恐怖の対象でしかない。ところが、インド人はこれらを丁重に扱い、慰め、崇敬することによって、逆に多大の利益《りやく》がもたらされると信じた。それは現在にも引き継がれ、ゾウは象頭の神ガネーシャとして富・財産を恵む神あるいは学問の神となる（日本では聖天《しょうでん》、歓喜天《かんぎてん》へと変容する）。コブラは鎌首をもたげた姿で表わされ、大樹の下のほこらなどに祀《まつ》られ、今日でもインド各地で盛んに信奉されている。

ゾウはかつて翼をもっていて、天空において雲と友だちであった。それが現在は地上に降り、昔の伴侶だった雨雲を引き付ける力をとどめている、といわれる。とくに白ゾウが重要視され、国の宝として宮殿内で手厚く飼われ祀られた。それによって、その国は適度の雨水に恵まれ、国は繁栄すると信じられた。

図22　ゾウが塔に蓮華を捧げ、コブラが塔を囲む図（サールナート）

コブラは水とともに天上に昇り、天から再び雨とともに地上に降るものと信じられた。脱皮し若返るところから不死のシンボルとして、多産豊饒の神とされた。子どもの誕生、家族の健康、作物の豊かな実り、家畜の多産などを願って信仰され、今日に至っている。

このようなゾウとコブラが、仏塔と深く関わっている。ゾウが仏塔に花を捧げ、コブラが塔にまきつく彫刻図などが求められる［図22］。しかし、コブラの方がより多く、そして古くから認められる。しかも人間のかたちに表わされるのが特徴である。頭のうしろには、仏像の光背のように、コブラが威嚇したときの大きな鎌首（頭蓋《ずがい》）がつけられる。一つだけでなく、三つ、五つと多数つけられる例もある。とくにナーガの王には、多くつけられる。

ナーガ王がブッダに帰依した話は数多く語られている。たとえば、

図23　ナーガ族の仏塔崇拝とアショーカ王の到来（サーンチー）

ムチャリンダという名のナーガ王は、成道後のブッダを、鎌首を広げて激しい風雨から守り、帰依したという話は有名である。これは、ナーガという動物（畜生《ちくしょう》）が、神々や人間よりも逸早くブッダに対する信仰心を起こしたことを示す。

あるナーガが人間に身を変えて出家した。ところが、それがばれて大騒ぎになった。そこでブッダは、ナーガの出家を許さないことにした、といわれる。しかし、のちには許可されるようになる。

これは実はコブラをトーテムとして信仰した部族のことを指しており、一般にナーガ族と呼ばれる。右の話は、最初は彼らが仏教教団のなかに受け入れられなかったものの、のちには許されたことを示唆する。

このように教団に加わる道を閉ざされたナーガ族は、ブッダへの信仰を仏舎利とそれを祀る仏塔の供養というかたちで示すほかなかった。八分された仏舎利が、のちに仏教を外護《げご》した王として有名なアショーカによって集められたとき、彼ら（当時コーリヤ族の名で知られていた）だけは頑強に自分たちの持ち分を護り通し、王の要求に応じなかった。王は彼らの供養の盛大さにかなわないと言って、彼らの舎利をそのままにし、八分のうちの七分、すなわち七ヵ所の舎利だけ集めて立ち去ったという［図23］。

仏塔の誕生と信仰の隆盛には、ナーガ族が与《あずか》っていた。ナーガ族であったコーリヤ族が護った仏舎利塔の遺跡だとされる場所が、かつてのデーヴァダハ（ブッダの母マーヤの出身地といわれ、今日のバイルワの東二〇キロのウジョーニ村にあたるとされる）にある。発掘されたが舎利発見などはなく、期待はずれに終わっている。確実にその場所がナーガ族の守護した仏舎利塔の跡かどうか、また別の地に求められないのか、疑問は残る。もし伝説通りとすれば、まだ手つかずの真の仏舎利がまだどこかに眠っているかも知れない。今後の精査が待たれる。

## 二、舎利塔を祀った比丘尼たち

どの宗教も、女性の支持なしに発展することはない。比丘《びく》（男性の出家僧）たちに比べて、比丘《びく》尼《に》（女性の出家僧）たちは率先して塔を建て熱心に供養した。

次の話は、「比丘尼は比丘を罵《ののし》ったり悪口を言ったりしてはならない」という戒律が定められるに至った、因縁話として語られたものである。

低いカーストである床屋の出身で、ウパーリという名の比丘がいた。彼の師匠で、カッピタカという名の長老が、墓場の近くの精舎に住んでいた。

あるとき、比丘尼たちが尊敬していた比丘尼の長老が亡くなった。彼女らはその遺体を運びだし墓場で火葬し、舎利塔を作り、そこで皆泣いていた。カッピタカ長老は彼女らの声に悩まされ、修行に専念できなかった。そこで、彼はその塔を壊してしまった。それを知った彼女らは長老を殺してしまおうと相談した。ところが、それを聞きつけたウパーリが師匠にそれを教え、逃れさせた。彼女らは、密談を盗聴したウパーリを「この卑しい生まれの床屋め！」と言って罵った。

このことがブッダの耳に入り、次のような戒律が制定されることになった。

「いかなる比丘尼も、比丘を罵り悪口を言うならば、パーチッティヤ罪を得る」

パーチッティヤ罪とは懺悔すれば罪は滅し、しなければ地獄に堕ちるという罪である。

また別の律典には、次のように語られている。

ある知識多き比丘尼が亡くなった。比丘尼たちが、比丘たちの住んでいる寺の中に、彼女の舎利塔を建てた。そして、いろいろと話し込んだり、歌ったり、泣いたりして、坐禅中の比丘たちを妨害した。そこで、カヴィラという名の比丘が、比丘尼たちが立ち去ったあとに、その塔を取り壊し、寺の外に投げ捨てた。比丘尼たちがこれを知って、カヴィラ比丘を刀・杖・瓦・石で打ち殺そうとやって来た。カヴィラ比丘は、神通力を使って空中を飛んで逃れた。

これを知ったブッダは比丘尼たちを叱り、「もし比丘尼が比丘の住んでいる伽藍《がらん》内に入るならばパーチッティヤ罪になる」との戒を定めた。

ところがこのあとに付帯事項として、「比丘の住んでいる伽藍内に仏塔を建ててはならないが、住んでいない伽藍内ならばよい」という文が挿入されている。本来的には区別されていた僧院と仏塔とが、結合し始めた事情を反映している。


比丘尼たちが塔崇拝に熱心だったことは、前二世紀から前一世紀にかけて建てられたバールフット塔やサーンチー塔の寄進者たちのなかに、比丘尼たちが数多く名を連ねていることで証明される。比丘や比丘尼は金銭を持ってはならないという戒律があるのに、なぜ仏塔の建材や彫刻などの寄進者となることができたのか、実に不思議である。しかし、比丘尼たちには、「僧院や仏塔の建立のためになら金銭を受けてもよい」と言われる場合があった。

右の話では、比丘は塔の破壊者として登場し、それに対するブッダの呵責《かしゃく》も語られていない。それにしても、比丘尼たち（女性）が比丘（男性）を殺そうとしたというのは、おだやかでない。インド女性の荒々しさが反映されているのかも知れない。でも逆に、それだけ彼女らの塔建立と供養の強さを示している。

なお、ここには比丘たちの塔への無関心、修行への専念が語られているが、これは一握りのエリート僧を映し出しているにすぎない。碑文からは、あとで見るように、苦行に励む大徳、経典に精通した聖者（比丘のこと）が、仏塔の素材の寄進者に名を連ねていたことが知られる。比丘たちのなかには仏塔を造営するにあたって、実際に土や瓦などを運んで、汗して働く者もいた。比丘尼たちはそうした比丘たちのために食事を作り、できあがった仏塔への供養に精出した。

このように、比丘尼たちは塔に積極的に関わった。それは比丘たちも同じであった。これらについては以後明らかにされよう。

## 三、アショーカ王と仏塔祭り

アショーカ王（在位前二六八～前二三二年頃）は、インド亜大陸の南端を除き、ほぼ全土を統治した唯一の王である。彼以前、彼以後ともインドは終始分裂国家を呈《てい》していた。彼によって仏教が保護されるにしたがって、仏塔信仰はますます深められ発展した。

伝説によれば、前にも触れたように、彼は八分されたブッダの舎利を、コーリヤ族（ナーガ族）の信奉していたラーマガーマの塔を除いて七塔から集め、それを八万四千（インド古来の誇張的表現）の塔に分納して祀った。そして、ウパグプタ長老に導かれて、仏教聖地の巡礼の旅に出て、菩提樹を供養したり、ブッダ生誕の地ルンビニーを参拝した、という。

玄奘は、アショーカ建立の仏塔が一三〇ほど存在していた、と報告している。

アショーカは、もともと仏教徒ではなかった。即位したばかりの頃は狂暴で、「チャンダ・アシヨーカ」(暴虐なアショーカ)と人々から呼ばれ、恐れられた。ところが、即位後八年に東方のカリンガ国を攻め、十万人以上の人々を殺戮《さつりく》した。その悲惨さを目の当たりにして、それを後悔、反省し仏教に近づいたといわれる。それからは「ダルマ(原語はダンマ)・アショーカ」(法のアショーカ)と呼ばれるようになった。

彼は各地に碑文を残している。そのなかで、先にも示したように、過去仏コーナーカマナ(カナカムニ)仏の塔を修復(あるいは増拡《ぞうかく》)し、祭りを行ない、石柱を建てた。またブッダ生誕の地ルンビニーでも祭りを行ない、石柱を建てたことを明らかにしている。

彼は祭りに対して否定的であった。祭りには遊興と熱狂が伴い、食肉や動物の闘技すなわち生きものの殺生、飲酒、性的な乱れなどが含まれていたからである。しかし、「よい祭り」のあることを認め、それを許し、自らそれに参画した。そのよい祭りとは、動物の殺生や虐待などをやめ、天界の宮殿やゾウの光景、火のむらがり、天上の光景などを見せることであった。

これはこの地上を天上のようにすることを意味し、この地を神々の世界のように飾り付けることであった。王宮は天上の神殿のように飾り付けられ、王は神の姿となって、飾り付けられたゾウに乗り、ゾウの行列を伴って、松明や灯明で輝く街を巡回しまわった。ゾウに騎《の》った王は、ブッダの舎利を納めた壷を携えていた[図24]。それは王自ら神であると同時に、ブッダと道を同じくする者であることを宣伝していた。

図24　ゾウに騎り舎利壺をもつ王（バールフット）

それはのちの「行像《ぎょうぞう》」という祭りにつながっている。塔型の山車《だし》を造り、王がインドラ（帝釈天《たいしゃくてん》）、王子がブラフマー（梵天《ぼんてん》）に扮装し、ブッダの従者となってそれに乗り、城市の中をふれ歩くというものである。それは、今日スリランカで行なわれている、ブッダの歯骨を祭る「ペラヘラ祭り」の祖型をなすものである。

　アショーカは碑文の中で、自分はこの世とあの世との二つの世界の利益・安楽をはかり、神々との交わりを求める者であると宣言している。「よい祭り」とは、このように天上と地上とが交わり、神々と人々とが一体化することをめざしていた。この世を天上の写しとし、天上の光景を民衆に見せることは、教訓的な意味をもっていた。善行を行ない法の実践に努めるならば、このような天の世界の獲得をはじめ、種々の利益《りやく》にあずかることを教示しようとしたのである。もちろん、それは彼自身の宗教的信条に基づくものであった。

　仏塔の建立や修復、「仏塔祭り」の実行は民心を収攬《しゅうらん》し、国家統一に導くために役立ったであろう。それはまた、法（ダルマ）を民衆に教示する意味が込められていた。彼はまさに、ダルマ・アショーカと呼ばれるに相応《ふさわ》しい人物としてふるまった。

## 四、出家の僧・尼僧たちの寄進

一般に、仏塔を支えたのは在家信者たちであったと主張される。はたしてそれは本当であろうか。実は僧尼たちが仏塔に深く関わっていた。ブッダは僧たちに舎利供養や仏塔供養にかかずらうな、と忠告したと経典は伝えるが、これは彼らがかかずらっていたから発した訓戒といえる。それは紀元前二～一世紀頃に建造されたバールフット塔とサーンチー大塔に刻まれた、碑文から明らかにされる。

まず、バールフット塔の寄進者たちを調べてみよう。およその数であるが、出家の僧が二五例、尼僧が一五例ある。「比丘《びく》」という呼称は一例しかないが、「聖者」「大徳」「経典の諷誦《ふじゅ》者」「経師」「三蔵に精通する者」「五部経典に精通する者」「執着を捨てた人」「造営監督者」「食物分配者」といった呼び名で表わされている。これらはみな出家僧で、有識で高位の僧が含まれているのが分かる。造営監督者とは、僧院や仏塔の建立の際に設計や建築の指揮にあたった僧である。食物分配者とは定かでないが、巡礼者たちに自らの食事（施食《せじき》）を分け与えた僧かもしれない。女性の出家者たちはすべて「比丘尼《びくに》」と呼ばれている。

在家者の職種で明らかなのは、王・王の妻・王子・長者・馬師・彫刻師の六例のみである。王といっても、当時のシュンガ朝の支配者たちはヒンドゥー教の支持者だったので、地方の藩王とその縁者であった。

サーンチー大塔の場合でも、出家僧が八四例、尼僧が九三例と出家者が圧倒的に多い。「阿羅漢《あらかん》」とか「和尚《おしょう》」と呼ばれている者までが寄進者になっている。在家信者では資産家で組合の統領だった者が一三例、長者と商人が各六例、衣服製造業者が二例、書記・象牙細工師・石工・織物師などのほかの職種の者が一三例、職種の明らかでない者が一六例、計五〇例ほど数えられる。しかし、「比丘尼たちの寄進」とか「仏教信仰団の寄進」といった集団での寄進もあり、きっちりした数で示すことは不可能である。また、これからも発見される場合もあるので、これらは現時点での計数である。いずれにせよ、出家者の方が在家より圧倒的に多い。

金銭を貯えることの禁じられていたはずの僧尼たちが、なぜこうも多く寄進者となり得たのか。これは在家者から受けた施金をそのまま仏塔への寄進としてまわしたとも考えられるが、自分の名を寄進者として刻むこと自体仏塔への信仰の深さと、教団自体で仏塔を支えていたことを表わしている。一般に在家信者におされて出家の僧尼たちも後塵《こうじん》を拝するようになったと解釈されるが、それは当たっていない。

# 第三章　彫刻・彫像の伝えるもの

## 一、仏塔は教育・文化センター

インダス文明期にすでに芸術的活動が見られたが、本当の意味で美術の華が咲きだしたのは、仏塔の塔門や欄楯《らんじゅん》（玉垣）に種々の彫刻が施されるようになってからである。仏塔こそまさにインド美術の源なのである。

最も古い作例として、バールフット塔があげられる。およそ前二世紀頃の作品である。すでに大部分が崩壊し、近隣の人々によって建築用の素材や洗濯石などに利用されたりしていた。ただ東門とそれに連なる左右の欄楯が復元され、コルカタ（カルカッタ）のインド博物館に持ち運ばれ展示されている。そのほか、断片がアラハーバード州立博物館とニュー・デリーの国立博物館などに展示されている。

インド博物館を入ってすぐ右手の方に「バールフット・ギャラリー」があり、およそ七メートルの高さの塔門と三メートルほどの高さの欄楯を見ることができる。

彫刻の内容は、碑文があり幾分理解できるのもあるが、ほとんどは不可能である。おそらく巡拝者たちに説明する役僧、すなわち「絵解《えと》き」専門の僧たちがいたに違いない。

実に種々の題材が取り扱われている。ブッダの伝記や前生物語ジャータカの図が多いが、ヤクシャやヤクシニー、ナーガなどの民間信仰の神々、天界やユートピア世界、動物や植物の装飾紋様など、当時のインド人の世界観や自然観などをうかがうことができる。仏塔はまさに一種の文化センターを呈《てい》していた。

ここで一つの円形浮き彫りの図を紹介してみよう。これは「ウズラ・ジャータカ」の名が付され、次のような光景が描かれている〔図25〕。

下の部分は少し破損しているが、そこに二頭のゾウが歩んでいくのが刻まれている。後ろのゾウの背後に小さく鳥の雛《ひな》が飛び上がっているのが見える。中央右寄りの木に一羽の鳥（ウズラ）が止まっている。その左手に大きなゾウがいて、その頭上にカラス、眼にハエがいる。ゾウの上に岩山があり、カエルが坐っている。右手上には、断崖の下に堕ちていくゾウの尻が見える。

これは、次のような物語に基づいて刻まれた。

ある一匹のウズラが巣をつくり、雛を育てていた。そこへゾウの群れがやって来た。ところが、最後に来たゾウが、無惨にも巣を踏みつぶして行った。雛が飛ばされた（図下部）。ウズラの親は、木の枝に止まってゾウへの復讐を誓った（図中央右寄り）。カラス・青バエ・カエルに援助を乞うた。そこでまずカラスがくちばしでゾウの眼をつぶし、そこへ青バエが卵を産みつけ蛆《うじ》をわかせた（図左部）。痛みに耐えかね、ついに盲目になったゾウは、渇きを覚え、水を求めてさまよい、カエルの鳴き声に惑わされ、崖の下に墜落しはてた（図右上部）。

図25　ウズラ・ジャータカ（バールフット）

文献では、ゾウ群の首領が菩薩、無慈悲な象がデーヴァダッタ（ブッダのいとこで、ブッダに反逆した人として有名）の前身とされ、彼が無慈悲なのは今日のみでない、と結ばれる。しかし、菩薩は脇役にすぎない。本来的にはデーヴァダッタの前生物語である。文献では、冒頭にゾウ群の首領である菩薩の称賛が語られているが、それはのちの改竄《かいざん》にすぎない。また最後に、復讐はよくないという教えが加えられ、ウズラの行為は非難され、怨《うら》みの応酬の非が教示されている。

ジャータカとは、単に「過去世の生まれ・前生《ぜんしょう》」を意味し、漢訳仏典では「本生《ほんじょう》」（もとの生まれ）と表わされる。現在の行為や状態が、実は過去世のそれの繰り返しであることを説くものである。悪いことをした人間は過去世でも悪いことをしたのだ、というだけであり、もともと悪業悪果とか因果応報というような考えは、明確なかたちで働いていなかった。

いずれにせよ、以上のように、仏塔に描かれた彫刻図はなんらかのかたちで教訓的な機能をもっていた。仏塔は、一種の教育センターの役目を果たしていた。

## 二、護塔神ヤクシャ（夜叉）

仏塔に対して不遜《ふそん》な行為をすると、仏塔に住む「護塔神《ごとうじん》」が怒るといわれる。たとえば、塔の下で死体を運んだり、焼いたり、大小便をしたり、右回り（右遶《うにょう》）でなくて左回り（左遶《さにょう》）などすると怒るという。

この護塔神とは、ヤクシャ（パーリ語ヤッカ）を指している。ヤクシャとは、漢訳で「薬叉《やくしゃ》」とか「夜叉《やしゃ》」と音訳される。ヤクシャの起源については、明らかでないところが多いが、一種の精霊で、得体の知れないものとみなされた。樹木をはじめとして、森・池・湖・海・山・岩・洞窟・砂漠・荒野など、あらゆるところに出没した。死霊とも結びつき、四個の大石を柱にし、その上にさらに大きな笠石を載せる、ドルメン（先史時代の墳墓の一種）に住むともいわれた。出没自在、変幻自在で、人畜に危害を及ぼす悪霊とみなされた。怨恨・敵意・侵害といった性格を有し、生まれたばかりの子どもを殺したり、人間に取りついて病気をもたらした。

しかしながら、それとは反対に、ヤクシャは光輝き清らかな存在として畏敬されもするのである。彼は世界の中心にあって、樹木の幹のまわりの枝のように、神々も彼に依存しているといわれたり、宇宙の根本原理ブラフマンや自己原理アートマンと同一視されたりした。

このように善悪両面をもつものであったが、次第に悪的な面が弱められ、善的で福を授ける神として崇拝されるようになる。とくに商人たちから富・財産をもたらす神として、バクティといって全身全霊をなげうつ誠の信仰が捧げられた。

また、子どもを授ける神となり、生まれたばかりの子どもがお宮参りするところとなった。ブッダも誕生後ヤクシャの祠《ほこら》に参詣につれていかれた、と伝えられる。

さらに、ブッダ自身、ときどきヤクシャに間違えられたり、同一視されたりした。

図26　ヤクシャ・クベーラ（バールフット）

図27　ヤクシャ・ヴィルーダカ（バールフット）

ヤクシャにはそれぞれ固有の名前がつけられ、都市や町の守護神となり、いろいろな願いのもとに盛んな信仰を受けた。

ヤクシャと仏塔の関係は種々に説かれるが、アショーカ王が八万四千の塔を建立したとき、各地に仏舎利を運んだのはヤクシャたちであったという。

前二世紀頃のバールフット塔の門柱や欄楯に、五例ほどのヤクシャの像が得られる。立像で、合掌した姿を示している。なかにクベーラという名の銘のあるものは、ヤクシャの王として有名である〔図26〕。別の名をヴァイシュラヴァナ（毘沙門天《びしゃもんてん》・多聞天《たもんてん》）と言い、四天王の一人で北方を守る神となる（毘沙門天像は手に塔を捧げ持つことが多いが、仏塔との特別な関わりを示す）。また、ヴィルーダカという名のヤクシャが見えるが〔図27〕、これはクンバーンダ（甕《かめ》のような睾丸《こうがん》をもつもの）の王とされる。これも四天王の一人で、のちの南方の守護神、増長天《ぞうちょうてん》に相当する。

このように、仏法の守護神の祖たちが仏塔の周囲に配されたことが知られるが、バールフットより少し時代の下がるサーンチー大塔にも、名前は明らかにされていないものの、蓮華を捧げ持つヤ

図28　サーンチー大塔の門に刻まれたヤクシャたち

クシャの立像を見ることができる［図28］。これはのちの蓮華をもつ観音菩薩像のモデルとなる要素を含み、注目に価する。

このほか、ヤクシャは有能で、勇気ある実在の人物とされる場合もあった。ときどきブッダに論争をいどみ、質問に答えなければ汝の心臓を引き裂き、ガンジス河の向こう岸に投げつけるであろうとブッダを脅《おど》かしたりしている。これは、彼らは本来的に仏教と異なる世界に属し、異教徒的な部族の長などであったことを示唆する。しかし、先述したナーガ族と同じく、仏塔の熱心な擁護者であった。

## 三、女神信仰の祖型

インド女性にとって、男の子を生むことは至上命令であった。亡くなった死者の霊や祖霊を祀《まつ》るのは男性に限られ、それを欠くことは罪とされた。「子ども（男の子）が授かりますように」という祈りは、女性たちの切なる願いとして神への信仰となって表わされた。これに応えたのが女神たちであった。

バールフットの古塔には、女神が五例ほど見られる。彼女たちの特徴は樹木と絡《から》み合うかたちをし、ゾウ・ウマ・マカラ（ワニとクジラが結合したような怪魚）など、水と関係のある動物を乗り物としていることである。これは彼女らが樹木の精霊、水の精霊であることを示唆し、インドのヴィーナスということができる。

　女神の一人は右手で上方の枝を握り、左手と足を木の幹にからませている［図29］。これは「妊娠を望む女のポーズ」とされ、受胎を願う儀礼から由来している。古い信仰によると、特定の木は美しい乙女によって触れられたり、蹴《け》られたりしないと花を開かず、実をつけないと信じられた。また逆に、子どもを望む女は木を抱いたり、触れたり、また近づいたりすることで繁殖力や生産力が得られ、多産になると考えられた。つまり、女性が子どもを産むのは男性との結合によるのではなくて、木との接触によるものであり、木と女性とは互いに作用しあうものとみなされた。

図29　樹木を抱く女神（バールフット）

　ブッダの母マーヤーが、アショーカ（無憂華《むゆうげ》）樹の花を採ろうとして、右手をあげたとたん、彼女の右の脇腹からブッダが産まれたという伝説は、右の事柄と密接に関連している。そして、このような木の下に女性がたたずむ構図は、中央アジアから日本にかけて見られる「樹下美人図」の原型をなすものである。

　ところで、ブッダは樹木の精霊や樹の女神などの存在を認めなかった。それは「草木を伐採してはならない」という戒律を定めるにいたった、因縁話に見ることができる。

ある僧が木を切ったところ、その木に住む女神が怒って、彼を殺そうと僧院まで追いかけて来た。そこでブッダは彼女をなだめ、別の木を探して彼女の住所を得させてやった。

ところがそのとき、人々は、僧が木を切ったのは正道に反する行為（慈悲なき行為）だと言って非難した。そこでブッダは「樹木に精霊や女神など住んではいないが、人々がそう思っているのなら、それを大事にしなければならない。たしかに樹木は多くの生きものたちの住みかである」と言って、草木伐採の禁止を定めたというのである。

この話は、インドの仏教が当時の一般的な信仰と一線を画していたことを明らかにする。なぜなら、樹木に精霊や女神などが宿るという、いわゆる原始的アニミズム信仰に否定的な態度をとったことを示唆するからである。

しかしながら、仏塔のまわりには多くの樹木の女神がほどこされ、一般民衆の信仰を包摂《ほうせつ》していたことを物語る。僧たちに説くときと民衆に対する場合とでは、違った対応の仕方をとったことを示す。

のちになると、このような女神たちは、そのまま樹木との結合を残す例もあるが、樹木から離れ、単独の女神として表現されるようになる。それは当時の美しい遊女たちのあで姿、もしくは当時の理想的女性像の表刻へと展開する。

## 四、インドのヴィーナス

マトゥラーは中インドの交通の要所で、西暦前一世紀頃より後四世紀頃にかけて、仏教の各派が活躍し、大乗仏教の痕跡も認められ、仏教文化の隆盛をみたところである。ガンダーラと並行してほぼ同時代に、ここで仏像が数多く制作されたことでも有名である。

仏塔が多く存在していたことは定かであるが、残念ながらその痕跡のみしか得られない。しかし、西郊外のブーテーサルからは、当時の華やかさを知る資料を得ることができる。それは欄楯柱《らんじゅんちゅう》の外側に刻まれたヤクシーたち、すなわちインドのヴィーナスたちである。乳房は壷のように盛り上がり、ウェストは細くくびれ、ヒップは極端に大きく、官能をそそるような媚態《びたい》を示している。ギリシアのヴィーナスが理知的で均整のとれた美しさを示しているのに対して、土臭く肉感的で妖艶《ようえん》さに満ちている〔図30〕。

仏教の百科事典といわれ、大乗の代表的論書である『大智度論《だいちどろん》』（般若経の注釈書）の中に、次のようなことが記されている。

美しい女を見て、婬《いん》を好む人は、これは浄妙《じょうみょう》なものとして心に愛着を起こす。しかし、不浄《ふじょう》観《かん》（身体は不浄であると観想する禅定《ぜんじょう》）を修めた人は、それには一つも浄《きよ》らかなところがないと見る。

自分もそれと等しく美しいと誇る女性は、それを見て嫉妬・憎悪し、見まいとする。婬を好む者は見て楽しみとなし、嫉妬する者は苦しみとなす。修行の人はこれを見て道を得、あずかり知らぬ人はそれを、土や木を見るように見る。このように、浄・不浄、好・醜は心にあり、外に定まれるものではないと知るべきである。

ここには善悪などの価値判断は内的なものであって、外から強制されるべきではないという、仏教の楽天的人間観や大乗の戒律批判が垣間《かいま》見られ、マトゥラーのヤクシー像の理解にもあてはめてみることができる。

まず彼女らは男たちにとって楽しみや慰め、憩いを与えてくれるものであって、仏塔への参詣・巡礼を促すものであった。とくに長旅のキャラバン隊にとっては、この上ない休憩場として利用されたに違いない。仏塔を支えたのも実は彼ら商人たちであった。

一般にインド人は、この苦悩に満ちた現世を離れて、後生《ごしょう》には天界に生まれることを望んだ。そういう人たちにとって彼女らは天女の写しであり、この世においてなすべき勤めに励んだ

図30　欄楯柱のヤクシーたち（マトゥラー）

ならば、必ずや天界において彼女らと楽しむことができると信じたことであろう。しかし、天界の生存には際限があり、いつかはまた人間界や畜生界に戻らなければならない。そこで、それを超えようとする人たち、すなわち解脱を望む出家の比丘たちにとっては、彼女らは魔女的存在でしかなく、調伏《じょうぶく》し超克すべき対象であった。

このような男性の生き方に関わるのとは別に、彼女らはまたいろいろな機能を有し、女性たちの嫌悪の対象に止まるものではなかった。

まず、彼女らは本来的には樹木の精、水の精として生産・豊饒《ほうじょう》を司る女神であり、子どもの授与、作物や家畜の豊作・多産などを恵むものであった。また、仏塔という聖域に邪悪なもの、魔的な力などの侵入を防ぐ守護神的役割を担っていた。

さらに、彼女らは現実の理想的女性像を示していて、当時の美女の代表である遊女をモデルにしていた。右手に鳥かごをもち左肩に鳥を止まらせ話しかけたり、頬についた男の愛撫の爪痕か歯形を鏡で覗いたり、彼女らの仕草はインドの性典『カーマ・スートラ』に載る遊女たちを彷彿させる。彼女らのなかには熱心な仏教徒で教団を支える者がいたり、出家して有能な比丘尼となって活躍した者もいた。教養ある遊女は尊敬・称賛されこそすれ、排除・排撃されることはなかった。

このように、彼女らは日常的・非日常的な種々の意味と機能をもって、仏塔を飾るのに最も相応《ふさわ》しきものとして刻まれた。

# 第四章　ジャータカと菩薩

## 一、ジャータカと菩薩の偉業

仏塔の門柱や欄楯《らんじゅん》には、多くのジャータカ図が描かれている。ジャータカとは、一般にブッダの前世物語、ブッダが菩薩として、神・人間・動物などに生まれ変わって、善行に励んだときの物語とされる。しかし、これは後世のことで、古くは違ったものであった。

前二～一世紀のバールフット塔には、明確にジャータカという名の碑銘がある図が、一九種ほど求められる。ところが、そこにはブッダの前世の姿が見えなかったり、女性が主人公になっている場合があったりして、ブッダのみの前世を語るものではなかったことが分かる。また、菩薩という考えも存在していなかった。

それならば、前一世紀頃作のサーンチーのジャータカ図ではどうであろうか。ここには、一角仙《いっかく》人、布施を好んだヴェッサンタラ王子、牙を猟師に捧げた六牙象《ろくげぞう》、盲目の老父母に孝養を尽くしたサーマ少年、自身を犠牲とし親族の命を救ったサル王の物語などが見られる。のちの仏典で、菩薩の偉業の実例として引用されるものが多い。ところが、案に相違して菩薩たちの行ないに、特別の配慮は見られないのである。そのことを、サル王の物語の例で見てみよう［図31］。

図の中央右寄りに、大きく一本の河が流れている。中で魚が泳いでいるのが見える。河の上流、枠の一番上にサルが身体を延ばし、手で反対側の木を掴《つか》んでいる。それは自ら橋となって、仲間を助けるためである。河の右側には岩や森が表わされ、すでに逃げることのできたサルたちが遊んでいる。河の左側には、サルに向かって矢を射ようとしている男がいる。その上には二人の人物、木の下ではサルと話し合う人物（人王）が見える。下方には、ウマに乗る王と楽器や武器を手にした従者たちが大きく描かれている。

図31　サル王・ジャータカ図（サーンチー）

これは、次のような物語を描写している。

昔、山の頂きに一本のマンゴーの木があった。サルたちは、その果実を食べながら暮らしていた。あるとき、果実の一つが河に落ち、河遊びをしていたバーラーナシー王に拾われる。王はそれを食べ、その味のとりこになった。そこで、その果実を求め、臣下を連れて山に入った。サルの群れを見つけ、射手に射殺するよう命じる。サルたちは死を恐れ、逃げまどう。すると、サル王（文献では菩薩とされる）は自らの身体を木に縛って橋とし、対岸へと仲間を渡してやった。彼の心臓は破れ、激しい苦痛にさいなまれた。王はサル王の偉大な行為に心うたれ、彼を助け、傷ついた身体を介抱し、彼の行為を褒《ほ》めたたえた。サル王は王に教えを説き、死んでいく。王はねんごろにサル王の遺体を葬り、火葬場に塔を立て、灯明・香・華を供えて祀った。

この話は、サーンチーより古いバールフット塔の浮き彫りにも刻まれている［図32］。ここでは、サーンチーの作例と異なり、サル王の偉大な行為が非常に目立つように描かれている。だからといって、菩薩の偉業を意味しているわけではない。文献では、サル王はベッドの上に寝かされ、そのそばでバーラーナシー王は低い座に坐り、二人は対話したことになっているが、図では両者が同じ高さの座席で話を交わしている。しかも、ジャータカの名は付けられておらず、もちろん菩薩の物語にもなっていない。

図32　サル王・ジャータカ図（バールフット）

これに対して、新しいサーンチーの場合は、サル王の姿が一番目のつかないところに表わされ、強調しているのは河の流れや騎乗のバーラーナシー王と従者たちと楽団員である。時代的に遅い作品でありながら、サル王への特別な描写は見られない。物語自体を描くのが目的で、菩薩の偉業を称《たた》えるものになっていない。

古い文献では、これは菩薩の「利益行《りやくぎょう》」を物語るものとされる。しかし、親族のための狭い利益行にとどまり、一切衆生のためという大乗の菩薩行・利他行とはなっていない。菩薩の捨身行の典型とされるのは、のちのことである。文献には、橋渡しとなったサル王の身体を、思いっきり痛め付けて渡ったサル（デーヴァダッタの前身とされる）がいたとか、サル王の葬儀などが挿入されているが、それらも菩薩への思い入れとしてのちに添加されたものであろう。

このようなことはヴェッサンタラ王子や六牙象などの例でも認められ、物語をただ描くということに終始している。文献には菩薩の称賛は盛り込まれていても、浮き彫り図の方にはそのような意図は感得されない。彫刻師たちが知っていた古い話に、のちに経典を編纂した僧たちがいろいろと改変を加えたことは明らかである。

## 二、捨身飼虎物語の原型

前にマトゥラーのヴィーナス像について記したが、それらが刻まれた欄楯柱の裏側には、ジャータカ図が多く刻まれている。ところが、後二世紀頃になると、その内容に飛躍的な変容が見られるようになる。そして、南方の仏典として伝わる五四七話（実際は五三〇ほど）を集めたジャータカ集成本にないものが見られるようになる。一例を紹介してみよう。それは、頬についた男の愛撫の爪跡（歯形）を鏡で見ている女の図の裏側に描かれている［図33］。

それは三段のパネルから成っている。まず上段には、中央にかなり大きめに、結跏趺坐《けっかふざ》をし、左手を膝に置き、右手を上にあげて対話の仕草をする人物、両脇にそれぞれやや小さめに人物がつきそっている。中段は破損し鮮明でないが、獣を前にし庵の前に坐った者が他の者と向き合い話しあっている光景、下段には獣（ライオンのように表わされている）に襲われ、首のあたりを噛まれている人物が認められる。

この図を理解するには、南方パーリ語の伝承からは不可能である。大乗仏典に近い内容を擁《よう》する『ジャータカ・マーラー』という、三四種の菩薩物語を集めた本に頼らざるを得ない。それはその本の第一番目に載《の》る「牝トラ・ジャータカ」である。

図33　マトゥラーの欄楯柱の表面（鏡を見る女）と裏面（牝トラ・ジャータカ）

菩薩は大バラモンの家に生まれた。青年に達したとき、財産や名誉などを嫌い、愛欲には多くの罪過が生ずるのを見、出家した。森の中で激しい苦行をし、神々からさえ崇敬されるほどの「大《たい》人《じん》」となった。彼のもとには多くの若者が教えを求め来て、彼の弟子となった（上段は二人の弟子を従えた菩薩を表わす）。

あるとき、弟子の一人であるアジタを連れて、山をさまよい歩いた。すると、一頭の牝トラが飢えのために痩せ衰え、生んだばかりの自分の子を餌食《えじき》にしようとしている光景を目にする。菩薩とは慈悲を本性とする者である。それを見て何とかしなければと考え、弟子に牝トラを救うために食物を探して来るよう命じた（中段の光景）。

ところが、弟子が去ったあと、菩薩は考えた。「一体このわたしの不浄な身体に何の意味があろうか。他のものが苦しんでいるときに、わたしの幸せなどあり得ない」と。そこで、断崖絶壁より飛び降り、牝トラの前に自らの身体を捧げ、彼女が子どもたちを殺すことから守ってやろうと決心する。「わたしのこの行為は名声・生天・自己の安楽などのためではなく、ただ利他行《りたぎょう》の成就よりほかにない」と宣言し、身を投げた。

弟子が帰って来ると、師の姿が見えない。探すと、牝トラが菩薩の身体を食べている（下段の光景）のを見つけた。弟子は非常に驚き、大いに悲しみ嘆いた。「ああ、大人《たいじん》というものは、自らの安楽に執着することがない。菩薩は勇敢で、恐れを離れ、最高の愛を示された。もう特別に礼拝されるべき器になった」と言って、菩薩を賛嘆する。そして、「菩薩とは大悲の心ある人であり、一切衆生の帰依すべきものである」と言い、菩薩の遺骨すなわち舎利を、仲間たち、神々とともに祭った。

これは「捨身飼虎《しゃしんしこ》」の物語として非常に有名であり、法隆寺の玉虫厨子《たまむしのずし》に描かれたものの祖型をなしている。前に紹介したように、サーンチーにもブッダの前身であるサル王が身を呈《てい》して仲間を救う例が見られたが、一切衆生の救済にまでは進んでいなかったし、血の滴るような凄惨《せいさん》さなどは認められなかった。ところが、ここには勇敢な人々（遊牧民族）の生き方が反映されていて、今までの牧歌的雰囲気（農耕民的世界）とは異なった世界が看取される。

さらに注目すべき点は、物語の中で菩薩が礼拝および帰依の対象とされていることである。実は上段の図が、ほぼ同じ頃に出現した菩薩像と酷似し、見逃せない。

## 三、マトゥラーの菩薩像の誕生

仏像はなかなか誕生しなかった。その理由についてはいろいろに説かれる。

まず、インドでは、古来神々を具体的な姿で表わす習慣がなかったことがあげられる。バラモン教では多くの神々の存在が説かれたが、神像として表現されることはなかった。

次に、ブッダは「人間を超えたもの」であるゆえに、人間の姿として表わすことができなかったという説がある。この見方が最も有力で、よく知られているものである。そのために、ブッダはただシンボルでしか表現するほかなかった。

しかしそれよりも、仏塔があったので、仏像がなくとも不便を感じなかった、という方が当たっているかもしれない。

それなのに、どうして仏像が造られるようになったのか。種々の学説があるが、外《そと》からの影響という見解があげられる。ガンダーラとマトゥラーとの二ヵ所で誕生をみた。どちらが早いか、いつ始まったか等について種々論争がなされているが、おおよそ紀元後一世紀後半から二世紀前半にかけて、ほぼ同じ頃にそれぞれ独自に生まれたとされる。ガンダーラはギリシアの神々やローマの皇帝などの彫像、マトゥラーはヤクシャやナーガなどの民間の神々の彫像、それにジャイナ教の聖者像などに、それぞれ触発された結果、仏教徒も自らの彫像をもつに至った。こうした新たな動きには、外来の部族であるクシャーナ族の関与、とりわけその統括者、カニシュカ王の働きを忘れてはならない。

ここでは、マトゥラーの仏像を取り上げてみよう。

まず指摘すべき点は、「仏像」ではなくて「菩薩像」として造られたことである。かたちは変わらないのに、それが「ブッダの像（仏像）」とか「シャーキヤムニ（釈迦牟尼）の像」と呼ばれるようになるのは、菩薩像の誕生よりも二〇年ないし四〇年後のことである。菩薩の像をブッダおよびシャーキヤムニの像だと世に宣言するのに時間がかかったこと、何か躊躇させるものがあったことが知られる。その理由として、律典に「菩薩の像ならば造ることを許す」という記事のあることがあげられる。この律典は説一切有部《せついっさいうぶ》という部派が伝持したものである。この部派に所属した僧や尼僧たちは、菩薩像の造立に深い関わりをもっていた。それは菩薩像の台座に記された碑文から知ることができる。また、この部派は、菩薩というものは煩悩に汚《けが》された状態にあるもので、それを離脱したブッダとは大きく異なる、と主張した。仏像は許されないが、菩薩像ならばよいというのは、そこからきている。

また次のような伝説も参考になる。

ウパグプタという有名な長老がいた。彼はブッダの「法身《ほっしん》」（抽象的な理法としての身体あるいは経典）を見たけれども、「色身《しきしん》」（具体的身体・姿かたち）をまだ見ていないのでぜひ見たいものだと、悪魔マーラに見せてくれるよう頼んだ。するとマーラは、決して礼拝してはならないと言って森に入り、きらびやかなブッダの姿に変装して現われた。長老はマーラの言葉を忘れ、思わず礼拝してしまった、というのである。

ブッダの姿が悪魔マーラの扮装を通して語られることは、ブッダの身体の具体的な表現が、好ま

図34　牝トラ・ジャータカ図の上段（右）とマトゥラーの菩薩座像（左）

しいことでなかったことを教える。

さらに菩薩像で注目されるのは、とくに座像が、前節で紹介した「牝トラ・ジャータカ」（捨身飼虎）の彫刻の上段の図と酷似していることである。ジャータカの菩薩がそのまま抜け出して来たといえるほど、そっくりである。両者とも同じ坐り方をし、右手をあげ、左手を左膝にあて、両脇に蝿払い（払子《ほっす》）をもつ従者を従えている。ただジャータカ図の菩薩が簡潔なのに対して、菩薩座像の方は頭上に菩提樹・頭光・飛天等を具え、三頭の獅子を描く台座の上に坐り、かたちが整い技術的にかなり進んでいる［図34］。

菩薩の右手の仕草は、西からの影響といわれるが、インド古来の対話の表現から来ている。一般には「施無畏印《せむいいん》」といって、恐れなきを与えること、すなわち生命の安全と保護を保障することを意味し、生きとし生けるものに対する慈しみの動作を表わしている。したがって、菩薩像は礼拝の対象ではなくて、こちら側に話しかけ、働きかける姿勢を示している。ジャータカの菩薩が菩薩像へと展開したとみることも可能である。

マトゥラーの菩薩像は、ガンダーラのそれらと比べて注目されることが少ない。しかし、インド仏教の歴史の上でマトゥラーの占める意義はきわめて大きい。

## 四、波羅蜜行と菩薩

菩薩の実修すべき徳目として、周知のように、六波羅蜜《ろっぱらみつ》が挙げられる。すなわち布施《ふせ》・持戒《じかい》・忍辱《にんにく》・精進《しょうじん》・禅定《ぜんじょう》・般若《はんにゃ》（智慧《ちえ》）である。菩薩はこれら六種の徳目において完成の極致に達するよう努める者であり、インド人の求めた一つの理想的人間像ということができる。

こうした菩薩の波羅蜜行《はらみつぎょう》というものが、いつ、どこで発生したのかを探ることは大きな問題であるが、紀元後二世紀頃のマトゥラーにおいて、すでに成立していたのではないかと考えられる。その実例の一つとして挙げられるのが、次のシビ王物語である。仏塔の欄楯柱の彫刻上に描かれたもので、三つのパネルより成っている。

上段には、王宮内で、二人の従者（一人は蝿払いを持っている）を従え、玉座に坐り、右端の柱の頂に止まる鳥（タカ）に向かって、右手をあげ対話の仕草を示す王、中段には、玉座に坐る王の傍らで、天秤《てんびん》状のはかりを持つ男が何かを計っているところが、それぞれ描かれている。下段は残念ながら破損し、詳細を明らかにし得ない［図35・下段は省略］。

時代は少し下がるが、これに類似した図が、現在のパキスタン北部のガンダーラ地方からも得ら

図35　マトゥラーのシビ王物語図およびイラスト

れる。中央に秤《はかり》を持つ男、左側に玉座に坐る王が従者に自分の股《もも》の肉を切り取らせているところ、もう一人の従者が衰弱し倒れかかる王を支える場面、王の下にはハト、右側には光背《こうはい》を有し冠を被《かぶ》り金剛杵《こんごうしょ》を持つ帝釈天《たいしゃくてん》（インドラ）と、その後ろに光背を持つ男性（ヴィシュヴァカルマン）が立ち、二人とも右手をあげ対話している［図36］。

これらの光景は、南方の伝承からは理解されず、北方の伝承で、大乗の代表的論書『大智度論』に載る話から解明される。

神々の王帝釈天は、自分の寿命が尽きようとしていたが、一切知者である仏のいないことを嘆いていた。そこへ、ヴィシュヴァカルマン（天界の工匠）がやって来て、「布施・持戒・精進・大慈・大悲・禅定・智慧（ここでは七波羅蜜となっている）をそなえた菩薩、すなわちシビ王がいます。彼ならばきっと仏に成るでしょう」と進言した。

そこで帝釈天は、彼が真の菩薩であるかどうか試すために、ヴィシュヴァカルマンにハトに化身するよう命じ、自分はタカに変身して追うから、王の脇の下に逃れるよう指示した。早速、一つの芝居が演じられた。

タカがやって来て、王にハトを返すよう求めた。王は、自分は一切衆生を救済することを誓った者ゆえに、渡せないと断った。タカは、自分も一切衆生のなかに入る者であり、自分の食物であるハトを奪うのは理に反する、と言って非難し、それならばそれに替わる別の肉が欲しいと要求した。そこで王は、ほかの生きものの肉をやるわけにはいかないと、自分の股の肉を切り取り、タカに与えることにした。

するとタカは、ハトの重さと等しい量の肉が欲しい、と言った。そこで、秤で計って与えることにした。ところが、いくら計ってもハトの重さに達しない。両股だけでは不十分で、両足、両方の尻、両方の乳、うなじ、そして背中と、全身から

図36　ガンダーラのシビ王物語図およびイラスト

肉を切り取って秤にかけた。それでもなおハトの重さにまで至らず、とうとう全身を秤にかける決意をした。

　タカは、それは無駄なことで、ハトの重さに達することはないと言って、ハト自体を返すよう要求し、どうしてそこまでやるのか尋ねた。王は、これは仏道を求めてのことだと答え、息も絶え絶えの状態で、「一切衆生は苦の大海に堕ちている。わたしはそれを救いたい。今のわたしの苦しみは、地獄のそれの一六分の一にも及ばない」と言って、なおも秤に上がろうとした。菩薩の心は定まり、少しの悔いもなかった。

　神々・竜王・阿修羅《あしゅら》・鬼神・人民はみな、「このような小さな鳥のために、何ということをするのか。希有《けう》なことだ」と言って彼を称《たた》えた。すると、大地が六種に振動し、天からは香雨が降り注いだ。天女たち、四方の神仙たちも、「これこそ本当の菩薩である。必ずや仏となるであろう」と賛嘆した。

　タカはハトに言った。「われわれの試験は終わった。この王は、身命を惜しまぬ、まさに真の菩薩である」

　ヴィシュヴァカルマンは帝釈天に、神力によって王の身体を平復させるよう求めた。すると帝釈天は、この王は自らの誓願によって平復するだろう、と答える。王は「わたしは肉を割《さ》き、血を流しても、何の怒りも悩みもなかった。悶《もだ》え苦しむこともなく、一心に仏道を求めた。このわたしのことばに偽りがなく真実ならば、わたしの身体は平復し、もとのようになりますように」と誓願《せいがん》を発した。その途端、身体はもとのごとくになった。人々と神々は大いに喜び、未曾有《みぞう》なことと詠嘆し、「この大菩薩は必ずや仏と成るであろう。われらは一心に彼を供養しよう。願わくは彼が速やかに仏道を完成し、仏と成って、われらに念じさせたまえ」と言いあった。

こうして、帝釈天とヴィシュヴァカルマンは天に帰って行った。これが、菩薩の布施波羅蜜《ふせはらみつ》を満たしたときの有様であった。

以上が物語の粗筋《あらすじ》であるが、菩薩が自らの身命を惜しまなかったこと、すなわち「不惜身命《ふしゃくしんみょう》」が布施波羅蜜の根本であることを教えている。そして、シビ王は六波羅蜜と大いなる慈悲（七波羅蜜）をそなえた者であることが謳《うた》われている。

これに類似した話は『マハーバーラタ』というインドの大叙事詩にも物語られており、当時存在していた伝説を、仏教側で菩薩の英雄物語へと変容させ採用したものかもしれない。血なまぐささや残酷さが含まれているが、誓願や真実語による回復というハッピーエンド的結末が用意されている。菩薩が生きとし生けるものすべてを救おうと決意し、そこに嘘偽りのないことを宣言し、皆から仏に成ることが証明される、というものである。

ここで、マトゥラーとガンダーラの浮き彫り図を比較してみると、前者では王はどちらかといえば精悍《せいかん》な姿なのに、後者ではひ弱に表刻されている。前者は菩薩行に比重を置き、後者は物語のリアル性を出そうとしている。マトゥラーの方に、大乗的な献身性の息吹を見る。しかし次のように、ガンダーラ地方にも大乗的菩薩の活躍はあった。

## 五、月光王菩薩の舎利塔

パキスタンの首都ラワルピンディの西北約三〇キロにある都市タキシラは、もとの名をタクシャシラーといった。それは「頭の切断」という意味を表わしている。
『大唐西域記《だいとうさいいきき》』のタキシラ国の条に、次のように伝えられている。

城の北一二・三里のところに、アショーカ王建立の仏塔がある。斎日《さいじつ》になると光明を放ち、天華が散ってきて、音楽が聞こえる。ある婦人が、悪質の病にかかった。ひそかに仏塔のところに来て、自らの行ないを責め礼拝《らいはい》・懺悔《さんげ》した。あたりに汚物があるのを見て掃除し、青蓮華を地面に敷きつめた。すると悪病は治癒し、容貌も美しさを増し、身体からは青蓮華と同じ芳香が出た。この地は、ブッダが昔菩薩行を修めておられたとき、月光《がっこう》という名の大国王となり、悟りを求めようとして自らの頭を裁断して施し、わが身を捨てて千生（千回もの生まれ変わり）を経られたところである。施頭塔《せずとう》のそばに僧院があったが、僧徒は少なかった。

月光王の物語は多くの経典に見えるが、『ディヴィヤ・アヴァダーナ』には、次のようにある。

月光王は善政をもって臣民を守り、名声の聞こえた王であった。大心を有し、布施を好んだ。辺地の一小国の王ビーマセーナが嫉妬を抱き、月光王の首を取って来た者には国の半分と妻を与えよう、と布告した。ラウドラークシャ（悪眼）という名のバラモンがそれに応じ、月光王のもとに赴き、頭を乞うた。王は周囲の者が止めるのも聞かず、勇んで彼の求めに応じ、二人で林に入った。王は大樹に自らの髪を結び、首を切らせた。

そのとき、王は次のような誓願を発した。

「汝ら聞くべし。十方に住む神々よ。今わたしはこの園林において捨施《しゃせ》を行なうであろう。真実をもっての施与である。王位・天界・財産・帝釈天位・梵天位・転輪王の勝利を得るためではない。無上の悟りを得て、未だ教化を受けていない者には教化を受けさせ、未だ心の鎮《しず》まらない者には心を鎮まらせ、未だ涅槃を得ていない者には涅槃を得させたい、ということ以外何もない。この真実が実ってから、わたしの力が尽きますように。わたしが涅槃したのちは、芥子《けし》の実ほどの舎利となりますように。そしてこの園林の中央に、すべての塔をしのぐ大塔が建てられますように。その塔を見て、人々に安息が得られますように。敬礼する者は、天界や解脱を最高の目的とする者となりますように」

月光王の遺体は、王の希望通り荼毘《だび》にふされ、舎利は金瓶に収められ、四つ辻に舎利塔が建てられた。人々は種々の供物を捧げて供養した。浄信《じょうしん》を起こした人は六欲天《ろくよくてん》に神として再生し、敬礼した者は六欲天を越えた神々の世界や解脱を獲得する者となった。

そのとき、月光王の都城はバドラシラーという名であったが、王が頭（シラス）を切断（タクシャ）したことから、タクシャシラーという名になった。

菩薩の捨身物語は数多くあるが、たいていは菩薩の身体は元通りになり、ハッピーエンドで終わるようになっている。月光王のように、死後その遺骨が塔に祀られ、礼拝の対象とされたというのは特異で例外といえる。しかも仏舎利塔以上の福徳を有するものとされ、菩薩がブッダ以上の地位にまで高められたことを示唆する。

また頭を施したという話は、菩薩のなかの菩薩であるナーガールジュナ（龍樹《りゅうじゅ》）についても語られる。

龍樹は薬草に詳しく、妙薬を飲んで年齢が百歳であった。時の王も彼から妙薬を得て年齢が数百であった。長く王位に即《つ》けないでいた王子が母親に訴えると、母は龍樹菩薩が生きている限り、そ

図37　月光王本生図（スワート）

れは不可能だと答えた。しかし、母はさらに続けて「菩薩というものは慈悲深く、衆生に対し何でも供給してくれる者である。試みに頭を頂きたいと願ってみなさい」と王子に教えた。

そこで王子は、龍樹菩薩のところに行き頭を乞うた。すると菩薩はあたりを徘徊して死に場所を求め、乾いた茅《かや》の葉で自らの首を切った。鋭利な剣で切ったように、身体と頭とが所を別にした。王子は驚いて立ち去った。父王は門番から一部始終を聞いて、悲しみのあまり命を終えた。

月光王の話と龍樹菩薩の伝記には何か悲愴さが満ち、殉教的雰囲気の漂うところがある（キリスト教の影響を主張する人がいるが、問題である）。

月光王菩薩の施頭の故事を記念する塔が、タキシラ駅より約一二キロのところにあるサルダ丘上で発見されたバッラール塔に相当するといわれたが、何の確証もない。月光王物語を描く彫刻図がスワートのムルグザール［図37］、中央アジアのキジル石窟や敦煌《とんこう》の莫高窟《ばっこうくつ》の壁画に数例求められる。木に頭髪を結び、王がバラモンに頭を切り取らせる場面を描く。しかし、舎利塔は見えない。

いずれにせよ、こうした凄惨な物語は、勇壮な遊牧民族が跋扈《ばっこ》したところで発生し流行をみたと考えられる。またこれは、仏教徒の置かれていた危機的状況を反映している。

## 六、ウサギ菩薩の舎利塔

ウサギが月に住むという話は世界各地に求められるが、インド内でも種々に語られ、仏典内だけでも一五種以上異なった伝承が得られる。それがいろいろと変容し、日本に伝えられた。それは『今昔物語』の中に収録されている。

この物語を描く彫刻や絵画もインドのみならずアジア各地に見られるが、南インドの仏塔の彫刻上に得られる作例が特異なかたちを示していて、注目される。

南方上座部《なんぽうじょうざぶ》の伝承によれば、次のように語られている。

昔、菩薩はウサギとして生まれ、森の中で三匹の友達、すなわちサル・ジャッカル・カワウソと一緒に住んでいた。ウサギは皆に、布施・持戒《じかい》・布薩《ふさつ》をなすべきことを説いた。ウサギの戒の威力によって、帝釈天《たいしゃくてん》の玉座が熱くなった（物語の中によく出てくる表現で、「玉座が振動した」という場合もある）。帝釈天はウサギを試そうと、バラモンに化身し皆のところへやって来た。

まずカワウソに食物を乞うと七尾の赤魚、次にジャッカルに乞うと二串の肉・一匹のトカゲ・一壺のヨーグルト、サルに求めるとマンゴーの実と冷たい水を、それぞれ施された。最後にウサギのところへ行くと、ウサギは、わたしはかつてなかった布施を行ないたいと、バラモンに薪《たきぎ》を集め、火を起こすよう頼んだ。そして、自分はその火の中に飛び込むから、身体が焼けたら食べて「沙門《しゃもん》の法（出家者のなすべき道）」を行なって下さい、と告げた。

帝釈天は神通力で一塊の炭火を作り、ウサギに知らせた。ウサギはダッバ草の寝床から起き上がり、毛の中にいる虫を殺さないようにと身を三度振ってから、炭火の中に身を投げた（ダッバ草〔ダルバ草〕はバラモンの供犠祭で用いられた聖草で、物語は聖火への動物犠牲との関連を暗示する）。

ところが、その火はウサギの毛穴を一つとして焼くことなく、まるでウサギは雪の中に入ったかのようであった。ウサギがいぶかると、帝釈天は本身を現わし、ウサギの徳が永遠に知られるようにと、山の汁を絞り取って月面にウサギの姿を描いた。そして、菩薩のウサギを新芽のダッバ草の上に寝かせ、天界へと帰って行った。

四匹の動物たちはまたもとのように仲良く暮らし、戒を守り、布薩行《ふさつぎょう》を行ない、それぞれに応じた果報を得た。

別の伝承では、動物の数が少なかったり、ただウサギだけの登場という例もある。たとえば、北方の一伝承には次のようにある。

図38　ウサギ・ジャータカ図（ゴーリ）

ウサギの王が仲間に説法していた。それを聞いたバラモンの仙人が感動し、ウサギ王とよき友だち（善知識《ぜんちしき》）になった。二人は飲食をともにし山中で暮らした。ところが、旱魃《かんばつ》が起こり、仙人は森で生活するのは困難と、森を去りたいと告げる。するとウサギ王は仙人に微供《びく》（ささやかな食事）を捧げたいと、仲間に火を燃やすよう命じ、その火の中に身を投げた。

仙人は大いに驚き、火の中からウサギ王を引き出したが、もうすでに死んでいた。仙人は遺体を膝の上に置き、この者はまさに「愛法《あいぼう》の士」「慈愍《じみん》の大仙」であり、衆生利益《しゅじょうりやく》のために捨身した者で、敬礼《きょうらい》・帰依《きえ》の主とすべき者であると言って、来世において彼の弟子になろうと、自分も火の中に身を投げた。帝釈天がこれを見て地上に降り、大いなる供養をし、骨を集め塔を建てた。

この話では、バラモン仙人と帝釈天とは別人で、ウサギと月の関連もない。ウサギ王は死んで舎利塔が建てられたことになっている。

南インドのゴーリ村近くの塔から発見された浮き彫りに、次のような絵を得る［図38］。

図39　ウサギ・ジャータカ図（ナーガールジュナコンダ）

右端に庵、その前に髭をのばし、やせ衰えた姿の仙人が坐っている。その前に火が燃やされ、ウサギがその中に飛び込もうとしている。それをカワウソ・サル・ジャッカルが見守っている。サルはマンゴーの実を抱え、ジャッカルは口にトカゲをくわえている。カワウソの持ち物（魚？）ははっきりしない。

上部中央に塔（ストゥーパ）が見え、その左手に三人の人物が登場する。中央の者は頭上に冠をつけ、両手をあげてウサギの行為に驚嘆している。明らかに彼は帝釈天で、右手が天を指差しているのは、ウサギが月面に描かれることを暗示する。他の二人は、文献に出てこないが、帝釈天の従者であろう。塔は焼け死んだウサギ菩薩の舎利塔を表わす。

ナーガールジュナコンダの作例［図39］では、右端に菩薩のウサギが仲間に説法しているところ、左側に帝釈天の化身であるバラモンにサルはマンゴー、カワウソは魚、ジャッカルはヨーグルトの壷をそれぞれ献じているところ、上方にウサギが火中に飛び込むところが示されている。左端に驚きの仕草を示す仙人（頭部を欠く）、その上に上空を飛ぶ帝釈天の足が見える。中央に樹木やシカのカップルが描かれ、森の中での光景であることを表わす。右手上方に庵、その左の台座には結跏《けっか》する者（仙人）の足が見える。人物のみならず、その他の上部はすべて欠損し内容は明らかでない。しかし、ウサギ菩薩の舎利塔が描かれていたとしても、スペースは十分で、その可能性は否定できない。

この彫刻図を解明したロンガーストは、近くの塔からウシ・シカ・ウサギなどの骨が出土したことを報告し、これらは恐らくジャータカの菩薩たちの舎利であろうと主張する。

これら南インドの彫刻図は文献には見られない内容を描写し、南方伝承にのみ基礎を置いていたといえず、いわば南方・北方の両伝承の混淆型を表わしている。さらに、菩薩の不惜身命《ふしゃくしんみょう》の生き方に加えて、菩薩の舎利塔の建立という特異な仏塔信仰を伝えている。この地域における菩薩思想の大いなる発展を裏付ける。

## 七、女性の菩薩たち

南インドの彫刻には、女性たちが全身を投げうって仏足跡《ぶっそくせき》（仏足石）を崇拝している図があり［図40］、彼女らのひたむきな信仰の姿を垣間《かいま》見ることができる。このように敬虔な信者である女性たちに対して、インドでは十分な評価がなされなかった。それには、男尊女卑の社会ということが大きく作用していよう。ブッダが女性の教団設立に際し逡巡したという伝承、「五障説《ごしょうせつ》」とか「変成男子《へんじょうなんし》」といった、女性は男性に生まれ変わらなければ仏や菩薩に成ることができないという主張などに見られるように、宗教的差別の跡を認めることができる。

しかし、のちには、いわゆる「誰でもの菩薩」として女性の菩薩が華々《はなばな》しく活躍するようになる。その代表は、いうまでもなくシュリーマーラー（勝鬘夫人《しょうまんぶにん》）である。彼女はプラセーナジット王の娘で、ヤショーマティという名の王の妃になった。仏を称《たた》え帰依の心を起こすと、仏がやって来て、汝は将来仏に成るだろうとの授記《じゅき》（予言）を与えた。それを聞いて彼女は、十種の広大なる誓い（弘誓《ぐぜい》）を発した。そのなかには、財産は貯えることなく貧苦の人々を救うために用いること、病苦・災難にある者の苦を取り除くこと、正法《しょうぼう》（大乗の教え）を受持し守っていくことなどが謳《うた》われている。とくに正法護持のためには、自らの身命をも惜しまない（不惜身命）との決意が述べられている。

仏教に関心をもたなかった夫も、のちには彼女に従うようになり、城中の男女はみな彼女に化導《けどう》されたという。彼女は女性のままで成仏の保障を得ている。

大乗仏典の随所に、ミニ勝鬘夫人ともいえる女性の菩薩たちが登場する。多くは王・軍師・長者などの八歳・十二歳・十四歳などの利発な娘、うら若き妻たちである。才知に長け、弁舌に巧みで、先ほどの

図40　仏足跡を拝む女たち（アマラーヴァティー）

五障説や変成男子説に固執する男性、とくに高名な仏弟子たちと討論し、彼らを沈黙させている。

彼女らの菩薩行は、病の比丘に自らの股肉《もも》を捧げた例もあるが、ブッダの頭頂への散華《さんげ》、仏像や仏塔供養などの仏供養《ぶつくよう》、発心《ほっしん》と授記《じゅき》というのが主なものであった。

華厳経の「入法界品《にゅうほっかいぼん》」には、周知のように、善財童子《ぜんざいどうじ》が五三人の善知識《ぜんちしき》（よき友だちで導き手）を訪ねて、菩薩の修めるべき道を求めて遍歴する話がある。そのなかに数多くの女性が登場する。彼女らも多くは王や長者の妻、娘などで、宮殿や豪邸に住み、多くの侍従に囲まれて説法している者である。前世において長時に仏供養や菩薩行を修め、功徳を積んできた者とされる。

そうしたなかで、遊女出身の菩薩がいたりして注目される。善財童子が二六番目に訪ねた女性は、「離貪欲際《りとんよくさい》」という名の菩薩の解脱（菩薩の段階での悟り）を得ていて、童子にわたしを抱擁し接吻すれば三昧《さんまい》を得るだろうと教えている。前世では長者の妻で、夫とともに仏に高価な宝石を捧げて供養した。

三二番目の善知識は、災難にあっている者を見つけると種々の姿に身を変えて救済するという、観音菩薩に似た性格を持つ女性である。前世では転輪聖王の王女や長者の娘となり、仏および仏弟子たちに大いなる供養をした。

四一番目の女性は、前世では王の寵愛を受けていた遊女の上首の娘で、王子に愛を告白し、結婚後夫を誘って仏供養にいそしんだ。

こうした仏典に出てくる女性の菩薩たちのモデルといえる者が、南インドの仏塔や僧院の建立のために積極的に寄進をした女性たちである。

ナーガールジュナコンダの碑文には、次のような例を見る。

大軍師の妻チャーンティシュリーは、貧困者・困窮者の救済のために大いなる布施をなすであろうと謳《うた》い、彼女の属する両家の者への回向《えこう》として、彼らの利益《りやく》・安楽、彼女自身の涅槃の至福の獲得を願って、仏舎利を納めた大塔の柱を寄進し建立している。

大王の妃バティデーヴァーは、一切を具備した僧院を、多聞部《たもんぶ》の師たちのために建立した。彼女の父王は、バラモン・ヒンドゥー教の火祭りや馬祀祭《ばしさい》などに奉献する者であった。

コーダバリシュリーという名の女性は、ある地方の大王の妃であったが、化地部《けじぶ》の師たちの所領として、一切衆生の利益・安楽のために僧院を建立した。

大王の妃チャティシュリーは、火祭りや馬祀祭などを信奉する王の妹の娘で、母への回向《えこう》、自分自身の涅槃の至福の獲得を願って、大塔の柱を建立した。

このほかにも同様な例が得られるが、これら女性の寄進者の兄・父・祖父などの支配者たちは非仏教徒であった。夫である軍師や王たちも寄進者として名を連ねることはなく、彼らは仏塔や僧院の造営にあまり熱心でなかった。仏典に出る女性の菩薩たちの夫も、仏供養には消極的な面が認められた。碑文と仏典とはそれぞれ対応を示す。

ナーガールジュナコンダの仏教遺蹟の側に、動物の犠牲場が遺構として残っている［図41］。タンクのかたちをしていて、そこには殺された多くの馬の血が貯められたに違いない。規模の大きさには驚くばかりである。そのような状況のなかで、犠牲祭に非を唱える仏教の庇護のために、心血を注いだ彼女らこそ、菩薩以外の何ものでもなかった。

図41　動物の犠牲場（ナーガルジュナコンダ）

自らの功徳を他者に振り向ける「回向」という思想も注目に価するが、涅槃獲得を切望するというのは、自ら仏に成ることを目指すことであり、彼女らが菩薩としての自覚を持ったことを意味している。そのような彼女らが、仏典のなかでいろいろと脚色され物語られた。

ところが、碑文に見るように、彼女らが親しんだのは大乗でなくて部《ぶ》派《は》仏教であった。したがって、彼女らを菩薩とみるのは間違いだといわれるかもしれない。しかし、部派と大乗は共存関係にあったと見るべきで、従来の「部派（小乗）対大乗」といった杓子定規《しゃくしじょうぎ》的な解釈をすべきではない。部派仏教のなかで大乗的な生き方がなされようと、何ら問題でなかった。ましてや、在家の信者たちにとって、部派とか大乗など問題外であった。

# 第三部　仏塔の広がり

# 第一章　西北インドの仏塔

## 一、ダルマラージカー大塔

パキスタンの首都ラワルピンディの西北約三〇キロ、インダス河とジェーラム河との間にタキシラという大都市がある。そこは昔タクシャシラーと呼ばれ、古代インドの学問・文化の一大中心地であった。その東方、ハティアール丘陵南斜面中腹に、ダルマラージカー大塔〔図42〕を中心とした大伽藍の遺構がある〔図43〕。

ダルマラージカーとはダルマラージャ（法王）から由来し、法王とは一般にアショーカ王を指す。したがって、アショーカ王の建立した塔となろう。しかし、ブッダ自身も法王と呼ばれるので、文字通り「ブッダの塔」をも意味し、仏塔のなかの仏塔というように解釈できる。

その規模は中インドのサーンチー大塔に匹敵し、高さは一三・七メートル、直径は四五・七メートルに及ぶ。高さは、上の平頭《びょうず》と傘蓋《さんがい》の部分が崩壊しているので、サーンチー大塔より低いが、それらを加えればより高くなるだろう。基壇は古い形式の円形で、四方に階段が付けられている。前一世紀頃に創建され（したがってアショーカ建立は疑問）、後一世紀中頃に現在の規模に増拡された。その後何度も補修された跡が認められ、長期にわたって、信奉されたことがうかがわれる。

　塔の胴部には三曲アーチと台形の壁龕《へきがん》とを交互に配し、基壇には方形の壁つき柱を巡らし、その間に仏像を飾り、全体に漆喰《しっくい》を塗って彩色が施《ほどこ》された。基壇のまわりに右遶道《うにょうどう》が設けられ、床には貝輪、青色のガラス・タイル、薄い板石などが敷き詰められた。

　大塔は壮麗さを誇り、太陽や月の光を受けて輝いていたに違いない。しかし、今や仏像ははぎ取られ、漆喰も彩色もはがれ、塔体も破損のままで見る影もない。

　大塔の西側の階段近くに、貨幣が三五五枚も隠されているのが発見された。死者供養の名残りを示すといわれる。

　大塔の周囲には、奉献塔《ほうけんとう》と祠堂《しどう》が巡らされている。奉献塔には舎利が納められ

図42　ダルマラージカー大塔

図43　ダルマラージカー大伽藍

図44　仏塔を崇拝（右遶）する僧たち（ガンダーラ）

ていた。高僧たちの舎利と考えられる。塔の基壇は方形で、仏座像、菩薩像、ギリシアの力士像などで飾られた。方形の基壇はローマやイランからの影響とされる。祠堂は奉献塔より新しく、中に仏像が祀られていたが、みな散逸してしまっている。

大塔の西側に並ぶ一祠堂から、銀製の薄板の巻き物が発見された。そこに碑文があり、アゼス王一三六年（後五二あるいは七八年頃）に、大塔の境内の「菩薩堂（菩薩像を祀る祠堂？）」に仏舎利が奉安されたことが記されている。それは、「王のなかの王、天子であるクシャーナ大王の無病息災、諸の仏・辟支仏《びゃくしぶつ》・阿羅漢への供養、一切衆生・両親・親族等への供養、自分自身の無病を願い、この布施によってすべてのものが涅槃に導かれますように」というもので、長い願文《がんもん》である。他者の救済にも触れ、大乗的な考えが含まれていて注目される。舎利奉安という行為で涅槃が得られるというのも、新たな考えである。

また、大塔のまわりには僧院群が存在し、塔を囲んで一つの大伽藍《だいがらん》を構成していた。この全体もダルマラージカーの名で呼ばれた。

塔はもともと在俗信者の崇拝対象で、僧侶たちは関心を示さなかった、といわれる。しかし、この地の僧たちは大塔を信奉するだけでなく、管理にまで手を染めていたようだ。僧院のなかには、中庭の中央に仏塔を祀る例も見られる。僧たちは熱心に仏塔を崇拝した［図44］。

五世紀初頭にタキシラを訪れた法顕《ほっけん》は、二ヵ所に大塔の存在していたこと、七世紀に訪れた玄奘は、アショーカ王建立の塔として都城の近郊に三塔所在していたことを報告している。しかし、そのなかにダルマラージカー大塔に相当するものは見つからない。五世紀まで威容を誇っていたはずの大塔が、すでに忘却のかなたにあったのであろうか。

## 二、カニシュカ大塔

アショーカ王と並んで、仏教を外護《げご》した王として有名なカニシュカ王は、インド最大の塔を建立したと伝えられる。あとで話すように、彼はジャイナ教の塔を礼拝し、初めは仏教の信奉者ではなかった。もともとイランの拝火教を信仰し、大きな聖火壇を築いている。また、イランの神々を崇拝していた。仏教を庇護《ひご》したといっても、他の宗教を排除したわけではない。これは、インドを支配した王たちのほぼ共通した宗教対策であった。

玄奘の『大唐西域記』の「ガンダーラ国」の条には、次のように語られている。

この国にあるピッパラ樹（菩提樹）の下で、ブッダは南方に向かって坐り、アーナンダ（阿難）

に次のような予言をされた。

「わたしが世を去ったのち四百年に、カニシュカという名の王が、この南方遠くないところに塔を建てるであろう。そこには、わたしの舎利がすべて集まるであろう」

その予言通りに、ピッパラ樹の南にカニシュカの建てた塔があった。

王は初め仏教を軽んじていた。あるとき猟に出かけたところ、白ウサギを見つけた。それを追うと、姿が消え失せ、牛飼いの子が小さな塔を作っているのが見えた。王が何をしているのかと問うと、牧童は先のブッダの予言の話をしたのち、忽然《こつぜん》と見えなくなった。

王はそれを聞き、喜びがこみ上げてきて、仏の教えを敬うようになり、牧童の小塔を巡って石塔を建てた。さらに功徳の力で、小塔の上を覆《おお》いかぶせようと思った。ところが、いくら高くしても、牧童の塔がいつも三尺だけぬきんでて、なかなかそれを凌《しの》ぐことができなかった。

王はさらに高さを増やし、とうとう高さ四〇〇尺を越え、その基壇の周囲は一里半、五重にかさね、その高さ一五〇尺として、ようやく牧童の塔を凌ぐことを得た。

王は喜んで、さらにその上に二五層の金銅の相輪を建て、如来の舎利一〇斗《と》をその中に安置し、供養をとり行なった。

造営が終わったあと、大基壇の東南隅の下に、小塔が半分ぬっと出っ張っているのが見えた。王の心は穏やかでなく、すぐに造営を中止した。塔の第二層の下の基壇から半分の出っ張りは、そのままになった。そうしてまた、もとの場所に、さらに小塔が現われてきた。王はがっかりして、人のすることは迷いやすく、神や聖霊の技には及ばないと言って恥じ恐れ、自らの過《とが》を謝りながら立ち去った。

大塔には仏像、仏画像が施された。大光明を放ち、夜になると仏が仏像の中から現われて、大塔のまわりを巡行するのが見えた。大塔の左右には、小塔が魚の鱗《うろこ》のようにぎっしりと立ち並び、一〇〇を越えるほどであった。仏像は巧妙をきわめ、芳香が匂い、妙音が聞こえ、聖者たちが巡行していた。仏は「この塔は七度焼けて七度立ち、その後仏法は滅尽するだろう」と予言した。この地方の記録によればすでに三度あり、玄奘が訪れたときにも火災があり、インドから帰るときにも修復されずにあったという。

大塔の西側に重層をなし、何階もの建物が連なる伽藍が王によって建てられた。高僧や大徳を招き敬った。しかし今は、僧徒は減っていて小乗の教えを学んでいる。

以上が、カニシュカ大塔についての玄奘の報告であるが、それに対応する塔の遺構が、ペシャーワルの東南郊外のシャー・ジー・キー・デリー（大王の塚）に求められる。

基壇のみが残っていて、復元の結果、約五五メートル四方の四角形で、四方正面それぞれに約一五メートルの突出部（階段）を具えた十字形をなし、各角に円形の稜堡型の突出部（小塔）がつい

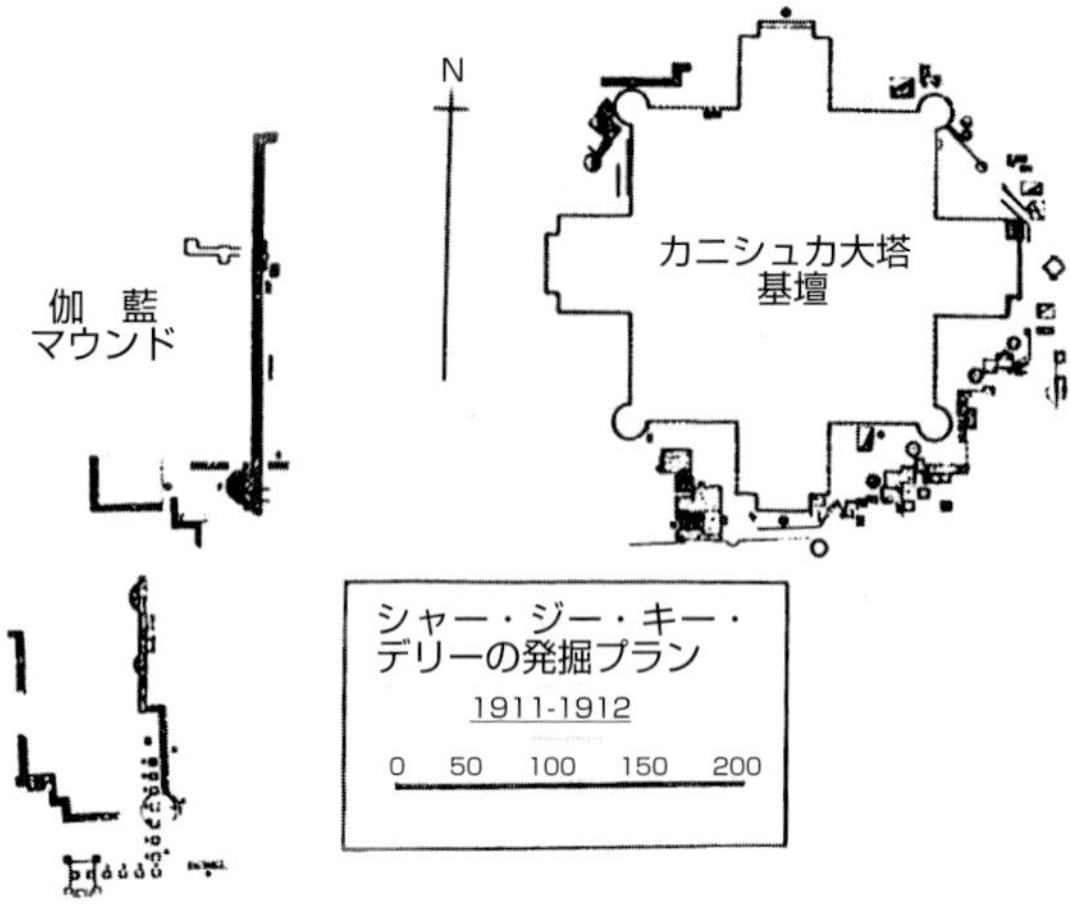


図45　シャー・ジー・キー・デリー発掘プラン（カニシュカ大塔・伽藍）

図46　カニシュカ舎利容器

ていることが分かった［図45］。玄奘の伝えるものと一致するところがあるのも見逃せない。しかし、上部は完全に崩壊し、高さ四〇〇尺を越え、五重の基壇、二五層の相輪というような壮大な塔の姿は偲ぶべくもない。

基壇内に舎利安置室があり、その部屋の片隅に青銅製の円筒型の舎利容器［図46］が見つかった。それには「カニ」（カニシュカの略）という文字が刻まれ、カニシュカ王との関連が確かめられた。一般に「カニシュカ舎利容器」として知られている。

蓋の上には、蓮華の上に坐るブッダ、左右にブッダに向かって合掌する梵天と帝釈天が立つ。容器本体の方には、キューピットたちが波状に華綱をかつぎ、その間にブッダの座像、ブッダに向かって合掌する神々、王者（カニシュカ王）の立像と彼に供養する太陽神、月神が浮き彫りされている。

しかし、この舎利容器については、技術的にあまり高度なものといえず、大塔制作時代よりのちの技術の衰退した頃の作品だとか、王者はカニシュカ王の貨幣に出る彼の肖像と違うといわれ、学者のなかには疑問視する人もいる。また、カニシュカ自身の遺骨を収めたものともいわれ、もしそれが事実とすれば、王自身の墓としてストゥーパが造られたことになり、歴史的に大きな問題となろう。いずれにせよ、カニシュカ大塔の建設は、当時（世紀一五〇年頃）の建築技術の粋を集めての一大事業であったに相違ない。しかしながら、今やその遺蹟の跡を辿ることさえ困難になっている。

## 三、鬼子母神《きしもじん》塔

ここでは、ブッダが鬼子母ハーリーティーを教化し、人を害するのをやめさせた場所に建てられた塔について述べてみよう。

玄奘は、プシュカラヴァティーの郊外北西の方向にその塔があり、国の人々が後継ぎの子どもの生まれるのを願って、その塔を祀《まつ》っていたと報告している。

仏教では、ヒンドゥー教やジャイナ教と異なり、女神信仰はどちらかといえば、あまり重要視さ

図47　ハーリーティー像（ガンダーラ）

れていない観がある（それゆえ仏教に親しめない、とインド人は言う）。その間にあって、この鬼子母は非常な崇拝を受け、例外的な事例といえる。本来的には豊饒の女神、大地母神であった。ヤクシー（夜叉女《やしゃにょ》）、ラークシャシー（羅刹女《らせつにょ》）、ピシャーチー（食血肉鬼女）などの部類に属し、子どもを食べる鬼女とされ、おそらく人身御供を要求する女神であったと考えられる。

伝説によれば、彼女の本名はアビラティ（歓喜）といい、北東インドのマガダ国、ラージャグリハ（王舎城《おうしゃじょう》）出身と伝えられる。ガンダーラのヤクシャの首領パーンチカ（大黒天）と結婚し、五〇〇人の子を産んだ。ところが彼女は、人間の生まれたばかりの子をさらって食べ、世間から「ハーリーティー（人さらい女）」と呼ばれるようになった。

そこでブッダは、彼女の五〇〇人の子の末子のプリヤンカラ（最も愛するもの）を仏鉢の中に隠した。すると彼女は狂乱し、わが子を求めて地獄から天界まで、ありとあらゆるところを捜しまわった。しかし見つけ出すことができず、とうとうブッダのもとに救いを求めた。

ブッダは、母親にとって子どもは何にもまして愛しいものであり、愛するものとの離別の苦しみ

（愛別離苦《あいべつりく》）がいかほどであるかを教え、これからは人々に「無畏《むい》」すなわち恐れなきこと、保護・安心を施すよう諭した。そこで彼女は深く改心し、ブッダの教諭にしたがうようになったという。それ以来、彼女は子どもの守護神、子どもを授ける女神、とくに子どものかかり易い天然痘、ハシカなどの疫病を防除し治癒する女神として崇拝されるようになった。また、仏教の伽藍および仏法の守護神ともなり、彼女の図像や彫像が伽藍内の門や食堂に置かれ、毎日食物が供えられた。

疾病《やまい》ある者、子息なき者が彼女に供養し祈願すれば、願いがかなうとして信仰された。彼女の彫像は、マトゥラーにもわずかに得られるが、ガンダーラ地方に圧倒的に多く発見され、夫のパーンチカとともに、あるいは単独に、常に複数の子どもたちを伴って表わされる〔図47〕。図像のなかには、キリストの母、処女マリヤの図像と類似するものがあり、有名な仏像のギリシア起源論を唱えたフーシェは、「仏教のマドンナ」と呼んで彼女を称《たた》えている。

図48　ハーリーティー像

『大智度論』には、「女性の大菩薩」として三人あげられているが、彼女はその第一に置かれる（第二はゴーピー、第三はガンガーデーヴィー）。

彼女が実際に菩薩として信仰されたかどうか、碑文にないので確かめられないが、西暦四〇〇年頃の作とされる単独像［図48］に、菩薩像と呼ぶのにふさわしい例が得られる。大きな光背と白毫《びゃくごう》を具え、観音菩薩などと類似した髪型をしている。四臂《しひ》あり、右手は鉢（酒杯？）と子ども、左手は三つ又の槍と水瓶を持っている。両脇には供養者が付せられている。これらにはヒンドゥーの神像の影響も認められるが、明らかに菩薩像とみるのに十分な要素を具えている。ただし、口の両端から牙を出していて、彼女が鬼女出身であることを示している。

ブッダが彼女を改心させた場所に建つ塔は、今日のペシャーワルのサレー・マケー・デリーというところにある巨大な土丘（円周約六〇〇余メートル）に当たるとされる。地域の人々（イスラム教徒）によって、「デリー・カーフィラーン（異教徒たちの塚）」と呼ばれていた。子どもが赤い顔（ハシカや天然痘にかかること）になると、父や母はその子を塚のところに連れてきた。子どもはギリシア風の仏像に似た小像を首にかけ、お守りとしていたが、この塚の頂からとった土を一つまみ入れると、病はたちまちに治ったという。その塚が鬼子母神の塔であることを推定させ、仏塔が女神信仰、病気の治癒と結びついていたことを証する。

なお、中インドのカウシャーンビー（コーサンビー）のゴーシタ－ラーマ（瞿師羅園《くしらおん》）、南インドのナーガールジュナコンダには、「ハーリーティーの僧院」と称される遺構が発見されていて、彼女はひろく称賛・崇拝されたことが分かる。

# 第二章　南インドの仏塔

## 一、アマラーヴァティー大塔

南インドへの仏教の進出は、アショーカ王の時代にさかのぼれるが、最盛期を迎えたのはサータヴァーハナ朝（後二〜三世紀）とイクシュヴァーク朝（後三〜四世紀）である。三〇ヵ所以上に及ぶ仏教遺蹟が発見されているが、とくに資料が豊かなのは、アマラーヴァティーとナーガールジュナコンダである。ここでは、アマラーヴァティーの大塔を取り上げてみよう。

アマラーヴァティーはクリシュナー川下流域にあり、現在直径が約五〇メートルに及ぶ大塔の基壇が、周囲に壁が付され、二メートル足らずの高さで残っている［図49］。創建はアショーカ王時代と想定されるが、サータヴァーハナ朝時代に大改修が行なわれ、規模も拡大された。仏塔のなかでも、最大規模を誇るものの一つである。現在アマラーヴァティー博物館の中庭に縮小・復元されたものが展示され、その後ろに、実際の高さの欄楯《らんじゅん》が建てられている［図50］。

図49　アマラーヴァティー大塔遺構

図50　同大塔（復元）

塔は煉瓦で築かれ、表面は石灰岩の板で覆われ、周囲に欄楯が巡らされた。欄楯の表と裏、基壇の側面、覆鉢《ふくばち》の基部に、おびただしい数の彫刻が隙間のないほど施されている。

この地方の塔の特徴は、基壇の四方に凸出部のあること、四方それぞれに各五本の「アーヤカ」と呼ばれる列柱が立っていること、入り口に多頭のナーガ、あるいはブッダの座像や立像が刻まれていること、前に見たように［図7］、ハルミカー（平頭《びょうず》）から幾重にも重なった傘蓋《さんがい》が、蓮の葉が生い茂ったかのように出ていることなどである。しかし、これらの四点がすべての塔に完備しているわけではなく、種々の組合せでもって作られている。

四方の凸出部については、ヴァイシャーリーの古塔、西北インドの塔に見られるが、アーヤカ柱はこの地方独特のものである。この柱に建築上あるいは宗教上どのような意味や機能があるのか、今のところ定かでない。

彫刻の題材は多岐にわたるが、今までは人物像の動きが静的だったのに比して、はるかに躍動的となり、表現豊かなのがこの地の特徴である。

彫刻図の一つを見てみよう。王宮の玉座に二人の男が坐り、周囲を多くの女性が取り囲み、楽器演奏を楽しんでいる光景が描かれている［図51］。この図は「マンダーター・ジャータカ」の一場面を表わしている。

図51　マンダーター・ジャータカ図
（アマラーヴァティー）

マンダーターは有名な転輪聖王《てんりんじょうおう》で、王子・副王・王としてそれぞれ八万四千年生き、寿命は数えることができなかった。彼は欲望を満たすことができず、うつうつとしていた。大臣たちから、天界こそ一番楽しいところだと教えられ、まず四天王の世界へと赴く。そして、その国を治め、長い歳月を過ごした。しかし、それでも満足できず、帝《たい》釈天《しゃくてん》の支配する三十三天へと赴いた。帝釈天は彼を出迎え、半座をゆずって坐らせ、彼に天界の半分を与え統治させた。六百万年、三千万年と過ぎ、つぎつぎと三六人の帝釈天が死んでいった。マンダーター王はその間ずっと神々の世界の半分を統治し続けた。ところが、彼はそれに満足できないようになり、ついには帝釈天を殺して自分一人で統治したいとの欲望を起こすに至った。そのような渇望は、決まって身の破滅をもたらすものである。王は天界より王宮の園内に真逆様に堕ちることとなった。ベッドに横たわりながら、宮中の者に「天界をも治めるほどになった王が、欲望に満足できず、死を免れ得なかったことを記憶するように」との遺言を残して死んでいった。そのときのマンダーター王こそ菩薩であったと結ばれる。

この彫刻の光景は、天界の主帝釈天がマンダーター王に半座を譲って坐らせ、一緒に音楽を聞きながら天界の楽しみを享受している場面である。天宮の華やかさが示されているが、それは当時の王宮をモデルとして描かれたものにほかならない。

南インドの各地から、多くのローマ帝国の貨幣や陶器が出土している。当時両国間において盛んな海上交易が行なわれ、経済的繁栄がもたらされていた。王宮の生活のきらびやかさが、そのまま彫刻に写し出されている。それは、南インドで編纂されたといわれる、華厳経《けごんきょう》の文章の冗長《じょうちょう》さや内容の壮大さとつながっているかもしれない。

## 二、布施の高揚

アマラーヴァティー大塔に記された碑文を見ると、以前は出家者の寄進が多かったが、ここでは在家信者の寄進が増大している。しかも、富豪の商人に並んで、牛飼いの娘、農夫の妻といったような従来見られなかった人々、しかも女性たちの寄進が多く認められ、目をひく。牧畜民・農耕民の間にも仏教が根づいたこと、仏教は女性たちに親しまれたことを物語る。

　こうした動きと関連するのであろう。仏塔に刻まれた彫刻上にも、布施を高揚した物語が多く見られるようになる。前に話した「シビ王本生《ほんじょう》」が仏塔の彫刻図に何回も取り上げられ、タカから追われてきたハトを救うために、自ら股《もも》の肉を刀で切り取って施そうとする菩薩シビ王の勇壮な姿が、いきいきと描写されている［図52］。先に見たガンダーラの図［図36］では、自らではなく他人に股を切り取らせ、弱々しい王が浮き彫りされていた。それとは大きな違いである。

図52　自ら股の肉を切るシビ王（アマラーヴァティー）

　このような菩薩の勇ましい布施行の光景は、いわゆる「六牙《ろくげ》象本《ぞうほん》生《じょう》」の図にも見ることができる。その物語は、南方の伝承によれば、次のように語られている。

ブッダが説法しておられたとき、その前で一人の若い比丘尼が大声で笑ったり泣いたりした。それを見てブッダは微笑された。比丘たちが不審を抱き、そのわけを尋ねると、ブッダは、前生においてこの比丘尼がブッダに加えた罪を思い出して泣いたのであると言って、過去のことを話された。

昔、ヒマラヤ山中の湖の近くに、菩薩は六色の光を具えた大牙（六牙でなく二牙）をもつゾウ王として生まれた。彼には二頭の妃がいた。あるとき、一頭のゾウが大きな蓮華を王に捧げた。ゾウ王はそれを年長の妃に与えた。すると年若い妃が嫉妬し怨みをもち、辟支仏《びゃくしぶつ》に供物を捧げ、王妃に再生できるよう願を立て、断食し命はてた。

彼女はその願いの通り、バーラーナシー王の妃となって再生した。ある日、彼女は夢に大牙の白象を見たことを王に話し、その牙を手にしなければ私は死ぬであろう、と告げる。そこで、猟師が派遣された。彼はゾウ王のもとに近づくと、穴を掘って身を隠し、行者に変装し、毒矢をつがえ機会の訪れるのを待った。

ゾウ王は猟師を見つけ、彼を殺そうとしたが、行者の姿をしているので尊敬の念を起こし、思い止まった。猟師に対する怒りをおさめて近づき、事情を聞き知ったゾウ王は、鋸《のこぎり》を猟師に渡し、これで切り取るよう勧める。ところが高くて届かなかったので、自ら身体をかがめ頭を下げて臥す。

猟師は牙を切り取った。ゾウ王の口は血だらけとなり、やがてゾウ王は死ぬ。部下のゾウたちは嘆き悲しんだ。そこに辟支仏たちがやって来て、ゾウ王の亡骸《なきがら》に礼拝し、火葬堆《かそうたい》に置き点火し、夜通し火葬場で読経（法の読誦《どくじゅ》）を行なった。ゾウたちは火葬の火を消し、沐浴をすませ、ゾウ王の妃を先頭に自分たちの住所へと戻っていった。

猟師は、ゾウ王の牙を持って城に帰った。王妃はそれを受け取り、これが前世に自分が愛した夫の牙であると思うと、悲しみが込み上げてきて、それを耐えることができなかった。彼女の胸は張り裂け、その日のうちに死んだ。

図53　六牙象本生図（アマラーヴァティー）

以上の話をしてから、ブッダは、そのときの王妃がこの比丘尼、ゾウ王が自分であり、猟師はデーヴァダッタであった、と結ぶ。

この物語を描く彫刻図や絵画は各地から得られるが、一つのメダイヨン（円形浮き彫り）の中に多くの場面を無秩序に描く、いわゆる「一図数景式」「異時同景式」の形を採っているものが多い。アマラーヴァティーの作例でも、多くの光景が見られる［図53］。

図54　六牙象本生図（ゴーリ）

①図の中央右手に、ゾウ王（二牙）が二頭の牝ゾウ（右は傘、左は払《ほっ》子《す》を持つ）を両脇に従え、蓮池に向かう光景、②下では、ゾウの群れが蓮池で遊び戯《たわむ》れている。③左手に目を移すと、ゾウ王が池から上がって地上に歩みを進めるところが描かれている（二頭のゾウでその動きを示す）。④右上端に移り、猟師（衣を着る）が下からゾウ王を矢で射るところ、苦しんで身をくねらせるゾウ王、⑤左上端に、大樹の陰でゾウ王が跪《ひざまず》き猟師に牙を切り取らせている場面、⑥最上部に、猟師が天秤棒でゾウ王の牙（両側に二本ずつとなっていて矛盾）を背負って立ち去るところが、それぞれ描かれている（話の順序と図の各場面の順序とは対応していない）。

次に、同じく南インドのゴーリ村から発見された作例を見ると、二つのパネル内に色々な場面が見られる［図54］。

①左のパネルの一番左端に、ゾウ王（二牙）が妃に蓮華を与えるところ、その背後に三頭のゾウ、下に蓮池、②右下に、ゾウ王が跪き猟師に牙を鋸《のこぎり》で切り取らせている場面（ゾウ王は鼻で鋸を掴んで猟師の作業を助けている。猟師は剃髪し僧形）、③右上部に、ゾウ王の牙を各一本ずつ端に結わえた棒を肩にし、王宮に向けて急ぐ猟師の姿、④次

に右のパネルに移り、王宮内の光景で、猟師が二本の牙をざるにのせ王妃に見せるところ、それを見た王妃が気絶し倒れるのを王が支えているところを、それぞれ表わしている。

仏典では、ゾウ王は必ずしも六牙をもつとなっておらず、二牙の場合もあり、猟師が剃髪して僧形をしたとか、大樹のあるところでゾウ王自ら鼻で牙を抜いて布施した、とあったりする。南インドの彫刻図は、北方の伝承に近い物語に基づいて描かれている。古い図では猟師が牙を切り取るように描かれていたが、ここでは切り取り易いようにゾウが跪《ひざまず》くかたちに描かれている。ゾウ王の布施の姿には、積極的な自己献身の行為が認められ、菩薩の布施行の高揚、大乗の菩薩行の進展をうかがうことができる。

この物語はもともと比丘尼の前世物語であり、彼女の嫉妬や恨みが主なテーマだった。それがいつの間にかゾウ王が菩薩とされ、彼の布施行の称賛物語へと変容された。

### 三、持戒の重視

南インドのナーガールジュナコンダは、大乗仏教の偉大な学匠、ナーガールジュナ（龍樹菩薩）が入滅されたところとされる。近くの仏教遺蹟ジャッガッヤペータからは、龍樹の孫弟子であるチャンドラプラバ（月光）が、ブッダトヴァ（正覚《しょうがく》、仏性《ぶっしょう》）の獲得を願って仏像を安置したことを記す碑文が得られ、散発的ながら大乗仏教の栄えたことがうかがわれる。

図55　コブラ（ナーガ）を捕らえる蛇使いとそれを見守る農夫たち（ナーガールジュナコンダ）

図56　王にコブラ（ナーガ）を見せる蛇使い（同上）

しかし碑文からは、ここでは西山住部、東山住部、王山住部、義成部《ぎじょうぶ》、大寺住部、化地部《けじぶ》、多聞部《たもんぶ》といった、多くの部派が活躍していたことが知られる。これらは皆、どちらかといえば教義上保守的傾向をもつ部派であり、なかでも大寺住部（大寺派）はスリランカから再上陸したもので、伝統的仏教を誇示していた。考古学的資料から、大乗仏教の勢力の実態を探ることは難しい。しかし、探求を試みてみよう

戒律の遵守を物語るものがナーガの話に見ることができ、数多くの彫刻に描かれている。たとえば、蛇使いが蟻塚にいるコブラ（ナーガ）を捕らえようとしている光景［図55］、王宮内で従者に囲まれ玉座に坐る王に蛇使いがコブラを見せている光景［図56］などがそれである。

物語は次のように語られる。

チャンペッヤという名のナーガの王が、チャンパー河のナーガの城に住んでいた。そのとき菩薩は、とある貧しい家に生まれた。ナーガの城を見る機会を得て、自分もそのような世界で楽しみたいとの欲望を起こす。そこで布施をし、戒律を守り、チャンペッヤ王の死後、その後継者（同じ名前の王）として再生した。

ところが、人間から動物に生まれ変わって何の意味があろうと、死にたいという気持ちを起こす。再び人間界に戻って、そこで解脱を得たいと考え直し、布薩行《ふさつぎょう》を行なった。しかし、女たちに囲まれると戒を破ってしまい、成功することがなかった。そこで王宮を出て人間界に行き、蟻塚の頂上でとぐろを巻き「皮を望む者は皮を取れ、見せ物にしたい者は見せ物とせよ」と言って、身体を曝《さら》す。路を通る者は彼を見つけ香を捧げて供養した。御堂を作って、子どもの得られるよう祈る者さえあった（こうしたナーガ信仰は今日でも見られる）。

そのとき、一人のバラモン青年がその路に通り合わせた。彼は蛇使いの呪文を習得していた。菩薩を見つけ、捕まえようとした。菩薩は彼に毒を吹きかけようと思ったが、戒を破るのを恐れ、彼の思いのままになる。彼は菩薩を骨の砕けるほど打ち、菩薩は血まみれとなった。捕らえられ、篭の中に入れられた。そして、芸を見せながら村から町へ町から村へと回ることになった。バラモンは菩薩の芸によって大金を得、ついに王宮内で芸を演じることになった。

そのとき、菩薩の妃スマナーがその観衆の中で、空中で泣きながら見ていた。菩薩は彼女を見つけ、恥ずかしさのあまり芸を演じるのをやめ、篭の中に閉じこもった。

国王はいぶかり、空中にナーガの女性のいるのを見つけ、ここに来た理由を問う。彼女からすべてを知った王は、蛇使いに種々の贈り物をやって菩薩を解放するよう命じる。菩薩は篭から出ることを得、人間の青年に身を変え、王と話を交わし、ナーガ界へと王を案内した。王はその豪華な世界を見て、なぜこのような世界を捨てて人間界に生まれようと欲したのかと問う。菩薩は答えた。人間に生まれてこそ輪廻の苦しみを終わらせることができるからだ、と。


また別の話では、次のようにある。

ブーリダッタという名のナーガ王（菩薩）が、帝釈天の世界に生まれたいとの欲望を起こし、人間界に行き布薩行を行なった。「私の皮・腱・骨・血、何でも欲しいものは持っていけ」と言い、蟻塚の上にとぐろを巻き、じっとしていた。そこへバラモン猟師父子がやって来る。ナーガ王は二人を宮廷に連れて行き、暮らさせたところ、ここは地獄のようだと言って人間界に戻ることを望んだ。そこで帰すと、父が蛇使いのバラモンに菩薩のことを話した。そこで菩薩は捕らえられ、王宮で芸をやることになるが、兄スダッサナに見つけられ恥ずかしさのあまり芸をやめる。兄は蛇使いにナーガの毒の威力を示して恐れさせ、弟のブーリダッタを解放させた。

これまでの心身の疲れから病の床に臥す身となった菩薩ブーリダッタは、弟のアリッタがバラモンの生き方を称賛しているのを知り、「供犠《くぎ》を破る議論」というものを説き、聖火による祭祀や動物犠牲などの無意味なことを教え、弟の見解の誤りを質《ただ》す。このようにして、菩薩は生命ある限り戒を守り、布薩行を行ない、命を終えて天界に生まれた。

これらの話では、あらゆる財宝に満ちあふれ、繁栄をきわめるナーガの世界（物質的繁栄の理想境、竜宮城に相当する）が否定され、苦の世界である人間界が解脱を獲得できる地として意義づけられる。これはまた、当時南インドで栄華をきわめていた王族や商人階層への戒めであり、とくに男性の支配者層がヒンドゥー教（バラモン教）を信奉していたことに対する非難が込められていた。

なお、この物語は、『大智度論』では、大力ある毒龍（ナーガ）が戒を守り、猟師に捕らえられ、皮は王の衣服、肉は虫たちの餌食とさせて命終えたとあり、菩薩の不惜身命《ふしゃくしんみょう》、持戒波羅蜜《じかいはらみつ》の実例として語られている。戒行とともに捨身行《しゃしんぎょう》を徹底し強調するものとされる。ナーガ王が蛇使いの意のままになるのは捨身行であり、大乗菩薩の持戒波羅蜜行につながる。南インドの戒行重視は、なにも保守派の性向とみる必要はない。

それにしても南インドには、先のマンダーター王の物語といい、このナーガの話といい、ほかの地では見られない事例が華々《はなばな》しく語られている。転輪聖王やナーガ王の伝説は、南インド起源とみてもよいかもしれない。

# 第三章　西インドの塔院窟

## 一、塔院窟の特徴

出家行者の住所および修行場として、洞窟が選ばれたことは古今東西に認められるが、インドの場合も例外でない。しかし、自然の洞窟でなく人工の開鑿《かいさく》による石窟寺院が出現したのは、アショーカ王治世の西暦前三世紀以降である。まず東インド、次いで南インドにと、仏教のみならずジャイナ教の修行者のために散発的に造営された。しかし、なんといっても中心をなすのは西インドである。デカン高原という玄武岩より成る台地、台形状の丘陵地帯が広がり、およそ六〇ヵ所に一二〇〇以上の石窟が開鑿された。ヒンドゥー教やジャイナ教に属するものもあるが、四分の三は仏教系の石窟寺院である。

紀元前二世紀頃から後一〇世紀頃まで約一二〇〇年間の、仏教徒の信仰活動の跡をうかがうことができる。まさにインド仏教史の一大縮図といえる。また、ヒンドゥー教やジャイナ教の石窟寺院との比較を通して、仏教の特徴を把握することができる。そして、仏教がインドから消滅したのちに、一部はヒンドゥー教化されたが、それも仏教の異質性を知る上で欠かせない。崩壊したものが少なくないが、土中より発掘される煉瓦造りの仏塔や僧院と比べ、伽藍構成を容易に把握することができ、この点で石窟寺院の資料的価値はきわめて高い。

仏教寺院の最も基本的な構成は、仏塔を祀る「塔院窟」（チャイティヤ窟）と僧たちの居住する「僧院窟」（ヴィハーラ窟）とが、それぞれ別個に造られているものの、ワン・セットになって成立している。塔院窟は必ずしも中央にあるとは限らず、一つでなく二個、三個とあったり、多いところでは八個もある。小規模なものは全体で数窟、大規模なのになると数十、ときには一〇〇窟以上に及ぶ大伽藍を形成するものもある（石窟寺院でない場合も、僧院と仏塔はワン・セットをなしていて、仏塔のみという場合は、それに付設した僧院が未発見とみるべきであろう）。

塔院窟は、古いものでは塔を祀る祠堂が円形、前室の礼拝堂が方形をし、わが国の前方後円墳に似たかたちのものもある。多くは一定の型を示している。

奥壁は半円形、奥深い長方形の馬蹄形プランで、天井はカマボコ型をしている。半円形の後陣に塔が祀られる。その塔は正面を除き三方が列柱によって囲まれ、列柱は側壁に沿って入り口まで延長される。長方形の前室部が、列柱によって身廊《しんろう》と左右の側廊《そくろう》とに仕切られる。これは塔を時計回りに巡り礼拝する道（右遶道《うにょうどう》）を設け、聖域としての中央部と区分するための結界《けっかい》として意義づ

図57　バージャー塔院窟（下：断面図）

けるものである。列柱は八角柱である。

　西インドで最古といわれる、前二世紀頃開鑿のバージャーの中心的な塔院窟、第一二窟を取り上げてみよう［図57］。石窟の広さは八・一四×一七・六八メートルである。塔は直径三・四五メートル、基壇・覆鉢・平頭《びょうず》の三部から成る。平頭は二重の欄楯を有し、木製だった傘柱と傘蓋は紛失している。列柱は二七本である。天井には木の肋材《すじ》、チーク材の輪垂木《わだるき》が残っていて、木造建築の伝統を模倣したことが分かる。入り口は、下部は破壊され当時の姿を止めていないが、屋根は一〇メートルほどの高さの尖塔アーチ型をしている。アーチ部には釘穴が開けられ、木製の扉がつけられていたことが分かる。

　このような塔院窟の形態は、ローマ時代のバジリカ建築、ひいてはキリスト教会堂の建築と類似することが指摘されている。伝わったものとするならば、どのような経路・経緯によって伝播されたのであろうか。なんら影響関係などなく、平行して出現したものとすれば、神聖な建造物に関する世界観や宇宙観などの東西間での一致を示し、人類思考の共通性を証するものといえよう。

## 二、僧は塔の中に住んではならない

法蔵部《ほうぞうぶ》といって、大乗仏教と教理や信仰の上できわめて親密な関係をもつ部派がある。伝統的な上座部《じょうざぶ》から派生した部派で、「阿羅漢の身体には汚《けが》れがない」とか「阿羅漢は天界において欲情を起こすことはない」と言い、阿羅漢の完全さを説いた。しかるに他方、「ブッダはサンガ（僧団）に属さない。ブッダに供養すれば大いなる果報を得るが、サンガに供養しても大果はない」「仏塔に供養すれば広大な果報を得る」と説き、僧団への寄進より仏塔の建立や供養の方がはるかに功徳の大きいことを強調した。

また、経・律・論の三蔵《さんぞう》のほかに「明呪蔵《みょうじゅぞう》」と「菩薩蔵」という二蔵を加え、「五蔵《ごぞう》」というのを立てた。明呪蔵とは、大乗仏典や密教経典に出てくるダラニ（陀羅尼）やマントラ（真言）を指し、菩薩蔵とは、六波羅蜜や方便の教えを盛り込んだ経典類を指している。

この部派の所在地域は、碑文から主に西北インド一帯、現在のアフガニスタンおよびパキスタン地方で、インド内ではマトゥラーに求められる。紀元後二世紀頃から七世紀頃にかけて活躍していた。中央アジア、中国にもその伝播が認められる。

この部派が伝持した律典は、鑑真和上《がんじんわじょう》によって日本に伝えられた『四分律《しぶんりつ》』である。この律典には、次のような戒が制定されるに至った話が見える。

図58　ベードサー第七窟入口

図59　ベードサー第七窟内陣

ある比丘たちが、塔の中に寝泊り（止宿《しじゅく》）した。すると比丘たちのなかで、小欲知足で頭陀行《ずだぎょう》（衣食住に関する厳しい行）を行ない、戒をよく守る者が彼らを非難し呵責《かしゃく》した。そこで、「塔の中に寝泊りしてはならない（如来の塔と同じ屋《おく》に宿るべきではない）」という条項が定められた。ただし、仏塔を守護するためならばよいとされた。

塔の中に寝泊りするというのは、理解し難い。なぜなら、そこに住んだり入ったりすることなど構造上不可能だからである。

そこで、塔を取り囲む僧院、すなわち「塔寺（塔院）」というものを指すとしたら、それはこの戒律の制定以前に存在したものか、あるいは戒律に堂々と違反したもの、または法蔵部以外の僧院ということになろう。ところが、ここでいう塔を西インドの塔院窟（チャイティヤ窟）にあてはめてみると、非常にすっきり行くのである。つまりここでいう塔とはチャイティヤ〔窟〕のことであり、ストゥーパではない。

ベードサーの第七窟の塔院窟［図58・59］が、まさしくこの規定と対応をみる。

これは紀元前一世紀中期より後期にかけての製作とされ、西インド石窟寺院のなかでも古い部類に属する。僧たちが住んだ、あるいは住もうとしたと考えられる部屋（僧房）が五つある。入口にアーチ状の装飾が幾重にも施されていて、特別の部屋であることが分かる［図60］。ベランダの右側に二部屋あり、手前のものは奥行および幅が二・一五×二・七五メートル、奥のものは二・八〇×二・二〇メートルの広さである。左側にも二部屋あるが、手前のものは未完成で、奥のものは二・四二×二・一七メートルの広さである。これには入り口近くに排水溝のような穴がある。奥壁下にも穴を掘ろうとした痕跡がある。何のためか不明である。それぞれの部屋には六〇～六五センチ幅の台が右

図60　ベードサー第七窟僧坊入口

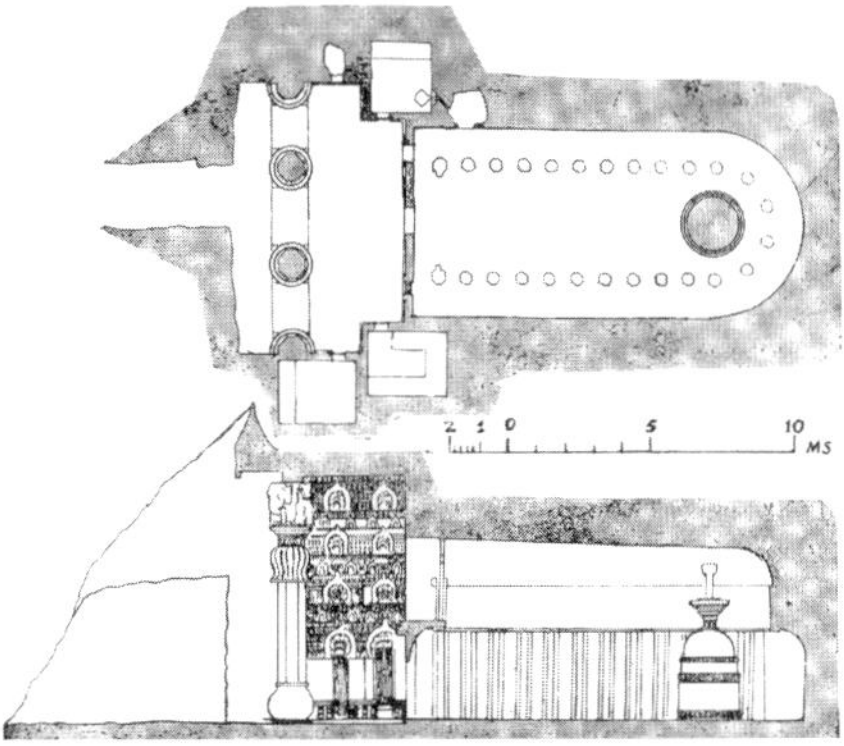


図61　同窟の平面図・縦断面図

壁に、周囲にコの字型に、奥壁に付けられている。これらは僧たちのための座席かベッドと考えられる。内陣の方にも、左側に一・一九×一・二三メートルの小部屋があるが、未完成である［図61］。排水溝があり、先の部屋へと通じている。台所のように見受けられるが、後世に利用されたのであろう。

僧は僧院窟（ヴィハーラ窟）に住んで、修行や読経に励むべきである。巡礼者や在俗信者たちが礼拝しに来て、にぎやかな塔院窟に住むようなことは相応《ふさわ》しくない。しかし、仏塔をブッダそのものを表わすものとして崇拝した僧も、数多くいたに違いない。ただ、仏塔への帰依が強すぎ、塔を祀《まつ》った場所にまで住み込むというのは、行きすぎというものであろう。そこで、先のような戒律の制定となったのではないか。そして、未完成なものがあるのは、その戒律に従ってやめたと解釈できよう。

随犯随制《ずいぼんずいせい》といって、戒律が定められるのは教団内に問題が生じた場合である。何の問題もなければ、規制は必要ない。戒律に定められてあるから、僧たちが塔院窟に住むことはなかったということにはならない。住んで問題となったから、戒律の条項が設けられたと解釈すべきである。

塔を守護するためには許されるとあるので、塔の管理に携わった僧たちの住む場所であったとも考えられる。しかし、それにしては部屋数が多く、住んだであろう人数も多すぎる。未完成の石窟の存在も説明がつかない。

ベードサー石窟寺院は一五窟から成り、この第七窟が最大の規模を誇っている。仏塔崇拝が信仰の中核をなしていたことがうかがわれる。このほかにも、小さな塔を祀る石窟が二つある。その一つの第三窟は多少崩壊しているが、森林僧（アランニヤカ）で乞食僧《こつじきそう》（ペーダパティカ）という、厳しい生き方をした長老の塔を祀っている。彼に対して献身的であった弟子によって造られた、と碑文に記されている。ベードサーでは、塔の崇拝や建立に専念する僧が少なくなかった。それが昂《こう》じて問題を起こした、と推定される。

## 三、僧院窟内の仏塔

ここでは前とは逆に、僧院窟の中に仏塔を引き込んだ例を紹介してみよう。これも僧たちの仏塔供養の熱心さを物語る。これは「塔寺」と呼ぶことができる。しかしこの場合、もちろんストゥーパではなく、またチャイティヤでもなく、ヴィハーラということになる。

僧院の中ではなく、入り口のベランダの壁に仏塔を浮き彫りした例もあるが、僧院内の広間中央奥壁に刻んだり、仏塔を祀る祠堂を付設するものが現われた。そのような例をナーシク石窟寺院に見ることができる。

ナーシクは二四窟から成り、大きな塔院窟（第一八窟）を擁《よう》している。それにもかかわらず、僧たちはそこへ礼拝しに行くより、自分たちの僧院内で独自に仏塔を崇拝するのを望んだ。その例を

図62　ナーシク第三窟プラン

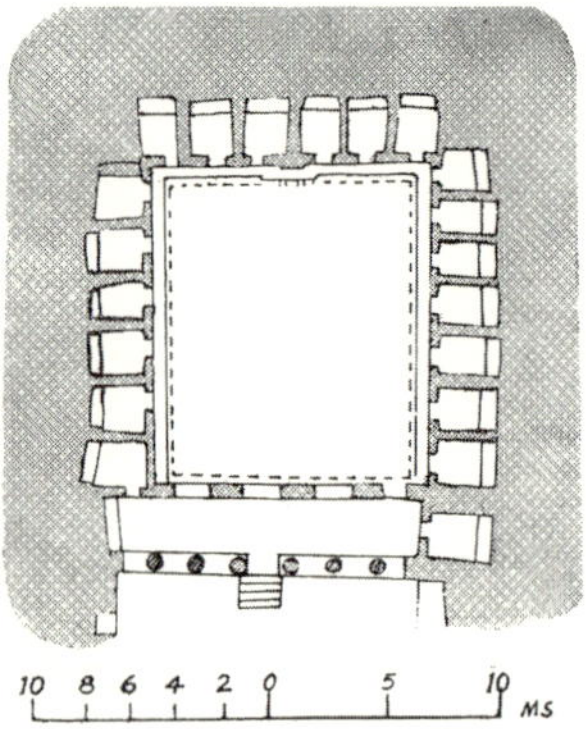


第三窟、第一〇窟、第一七窟の三つの僧院窟に見ることができる。三窟とも後二世紀前半頃、ほぼ同じ時代の制作である。

図63　ナーシク第三窟奥壁の仏塔とイラスト

まず第三窟は、石窟群のなかでも最大の規模をもつ。広間の周囲にはベンチ（坐禅や食事の場）が巡らされ、その大きさは幅一二・五メートル、奥行一四メートル、高さ三・二メートルで、三方に一八の小部屋（僧房）を持つ。左側に五部屋（一番奥は未完成）、奥に六部屋、右に七部屋の構成となっている。各部屋にベッド（ベンチ）がある。ベランダにも二つの部屋がある［図62］。

奥壁中央に美しい仏塔のレリーフがある。両脇に女性が立ち、右の女性は払子《ほっす》（蝿払い）を持ち、左の女性は合掌している。その各上には法輪と獅子、さらにその上には花環を持つ飛天が示されている［図63］。法輪と獅子はともに、ブッダの説法（転法輪《てんぼうりん》・獅子吼《ししく》）のシンボルである。したがって、ここの仏塔は仏舎利崇拝やブッダの涅槃ではなく、「法を説くブッダ」を表わしている。法身としてのブッダを表わす仏塔といってもよいかもしれない。

この僧院窟の入り口には、二重の横木を持つ門が彫られていて、門柱にはパネルが設けられ、ミトゥナ像などが刻まれている。横木の間の中央には、先ほどの内奥壁の仏塔図と同様なものが浮き彫りされ、門柱の両脇に等身大のヤクシャ（護塔神）が立っている。両者とも右手で蓮華を持ちあげ、左手を腰にあてている［図64］。前に見たサーンチーの例［図28］に類似する。

これらは、僧院窟でありながら、実は仏塔を祀る塔院窟を兼ねていたことを示す。碑文によると、この僧院窟はバラモン教（ヒンドゥー教）を信奉していた王が、仏教徒の母親の願いを聞き入れて、土地および村の寄進とともに僧院の創設や改修を行なったといわれる。そして、賢胄部《けんじゅぶ》という名の部派の比丘サンガ（出家者教団）に対して「すぐれた宮殿に似たあでやかな窟院」として寄進されたとあり、「世尊・苦行者・最勝者・ブッダに帰依した

図64　ナーシク第三窟入口のヤクシャ（護塔神）

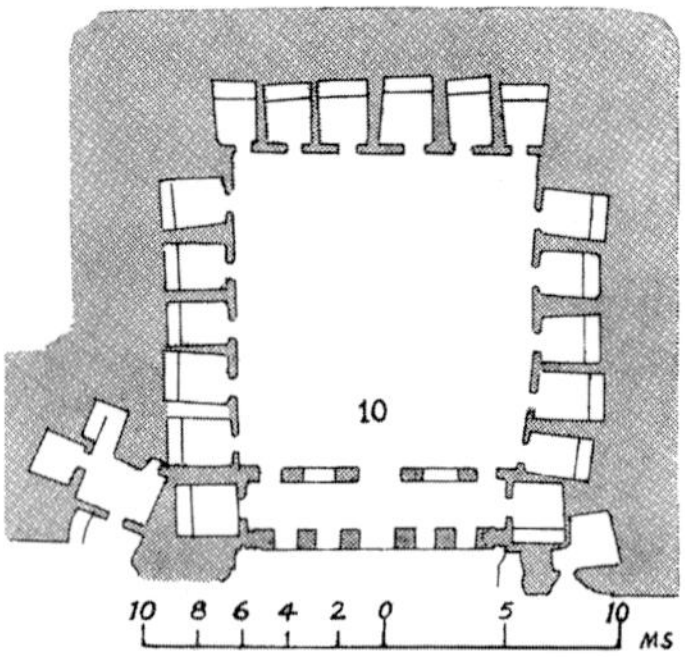

図65　ナーシク第一〇窟プラン

図66　同第一〇窟の塔身に刻まれた神像

図67　同第一〇窟入口に刻まれた神像

てまつる」という起《き》請《しょう》句《く》が最後に付されている。

賢冑部（バドラヤーナ）という部派は、西インドで勢力を得ていた。名前の由来については、バドラという阿羅漢によって開かれ、彼を引き継いでいるからだとか、ほかより勝れた乗り物という意味で名づけられたといわれる。系統としては保守系に属するが、「解脱したあとでも堕落することがある。しかも貪りや執着があっても解脱に復帰することがある。安楽な所で楽しむもよい。その楽によって至楽（至福）に至る」と主張し、他の派と争ったと伝えられる。この主張はどこか大乗仏教的な雰囲気を匂わす。また、ブッダを苦行者とみなすなど、特異なところもある。しかしこの点は、のちに示すように、大乗を信奉する人たちと同じ見方でもある。

次に第一〇窟も第三窟と同様、僧院窟と塔院窟とを兼ねた構造になっている。ホールの大きさは、幅は前陣が一二・二メートルで後陣が一三・六メートルの先き細り形、奥行は一三・九メートル、高さは三メートルで、第三窟とほぼ同じ規模である。左に六、奥に六、右に六、ベランダに一の計一九の部屋（僧房）を持つ。それぞれベッドを備えている［図65］。

この窟院内で注目されるのは、奥壁の仏塔図の塔身の部分がえぐり取られ、そこにヒンドゥーのバイラヴァ（シヴァ）神像がはめこまれていることである。頭に竜蓋（コブラの鎌首）をつけ、ドーティーを身にまとい、腰をくねらせ、右手に短剣、左手に棍棒を持つ［図66］。これと類似の像が石窟の入り口左側の壁にも刻まれていて［図67］、仏教窟院がヒンドゥー教の窟院に変えられたことを示す。碑文にも、ヒンドゥー教を信奉した王や、ヴィシュヌダターというヒンドゥー的な名前の女性在家信者が、四方比丘サンガのために寄進したとあり、もともとヒンドゥー化される要因が存在していたといえるかもしれない。先の第三窟の場合と同様、仏塔の両脇に女性が控えている。上方には、仏塔の頂上の部分、平頭と傘蓋が残されている。ここには飛天や法輪などはない。

第一七窟は仏塔を祀る祠堂を付設した僧院窟であるが、未完成に終わっている。ギリシア人が一切諸仏の供養のために、四方比丘サンガに対して寄贈したものとされる。前の台石（主僧の座）にはシヴァ神のシンボルがあり、リンガ・ヨーニ（男根と女陰の結合体）を造ろうとした痕跡がある。仏教がインドより消滅する兆しを垣間《かいま》見ることができる。

## 四、アジャンターの塔院窟

西インドの石窟寺院のなかで最も有名なのは、いうまでもなくアジャンター石窟群であろう。ここでは二つの時期にわたって、石窟が開鑿《かいさく》された。年代についてはいろいろな見方があるが、前期は大体前二世紀から後二世紀、後期は後五世紀から七世紀にかけてである。二つの時期の間に三〇〇年ほどの間隙があるが、その理由は不明である。

前期に属するものは六窟で、塔院窟が二つ（第九、第一〇窟）、僧院窟が四つである。第一〇窟の方がやや古く、最大の規模を誇る。幅一二・五、奥行二九・一、高さ一七・一メートルの前方後円型で、天井は木造建築をモデルにしたことがはっきりと分かる。奥に仏塔が鎮座《ちんざ》し、それを八角形の重厚な列柱が囲む。古代ギリシア・ローマのバジリカ建築の構造に酷似する。仏塔の大きさは、およそ直径五メートル、高さ六メートルである。基壇は二層から成り、二壇目には切り込みがある。平頭《びょうず》は欄楯、窓をもつ建物を中間にし、逆ピラミッド型に三石板が重ねられ、古型を示す［図68］。

第九窟の方は長方形のプランで、幅六・九、奥行一三・七、高さ七・〇メートルと小型である。仏塔は一層の基壇、平頭は欄楯、八枚の石板による須弥山《しゅみせん》型の積み重ねから成る［図69］。第一〇、第九とも、仏塔は何の飾りもなく沈静の世界に鎮座している。

この二つの塔院窟は並存しており、第九窟の左脇に一つ、第十窟の右側に三つの僧院窟がある。

五〇人ほどの僧が住み宿泊できたようだ。仏塔は在家信者のみならず、僧たちも崇拝していたことは間違いない。

後期になると、石窟の開鑿は大々的となる。塔院窟は三窟（第一九・二六・二九窟）、僧院窟は二一窟と数を増す。塔院窟の第二九窟は未完成なので、前期と同様二窟となる。ところが前期のものと比べると、おびただしい装飾や荘厳《しょうごん》が施され、格段の相違が見られるようになる。

第一九窟は幅七・二、奥行一四・一、高さ七・四メートルの大きさで、アジャンター石窟のなかで最も装飾の豊かな作例である。前庭（ベランダ）を有し、仏塔は重厚な列柱によって囲まれ、列柱の上部はおびただしい数の仏像、草花の文様などで飾られている。仏塔の形はきわめて特異で、基壇プランが変形の十二角形である。正面に踊る異形のヤクシャ、その上に基壇と覆鉢部がつながる。両脇に柱をもつ龕《がん》が設けられ、施無畏印《せむいいん》のグプタ様式の仏立像（高さ一・五八メートル）の浮き彫りが施されている。平頭は説法印の仏座像を納めた祠堂の形をし、その上に三重の傘蓋、小塔、さらに蓮華の連なり

図68　アジャンター第一〇窟の仏塔

図69　アジャンター第九窟の仏塔

図70　アジャンター　第一九窟の仏塔

が天井に届くように付されている［図70］。玄奘が「高さ百余尺の仏像の上に七重の石蓋があり、虚空に懸けてある」と伝え聞いたと言っているのが、これに相当しよう。

第二六窟は前者より大型で、幅一一・〇、奥行二〇・六、高さ九・五メートル、正面廊《ろう》（現在崩壊）を除いて構造はほぼ同じであるが、装飾や彫刻類の数ははるかに豊かになっている。仏塔も大きく異なり、基壇のプランは前方後円形で非常に高い。正面に立派な祠堂が作られ、そこに獅子座に坐り、蓮華台に足を載せ、説法印の仏倚《き》座《ざ》像（高さ一・七六メートル）が祀られている。その周囲および上部には無数の仏・菩薩像が刻まれ、荘厳世界の極致が示されている。立体マンダラを見る思いがする。その上の覆鉢部ではペアの飛天が飛び交い、平頭にも多数の仏像が見える。平頭の上に載る傘蓋は破損し、その形は定かでない［図71］。

後期では僧院窟が非常に発達し、内陣に仏像を祀る仏堂を設けるのが一般的である。だからといって、仏塔が消えたわけではない。仏塔と仏像とが合体され、仏塔の一仏から仏・菩薩の遍満する

図71　アジャンター第二六窟の仏塔

図72　リンガより顕われたシヴァ神

世界が築かれている。

　こうした変化については、いろいろ解釈できよう。母胎とされる塔（ストゥーパ）からブッダが再生・復活したこと、法身《ほっしん》（真実・理法の本体あるいは経典）の仏塔から、色身《しきしん》（物質的身体）としてのブッダが顕現したものといってもよかろう。また、中心の仏塔内の一仏から無数の仏・菩薩の出現を示し、「一即多・多即一」の世界の具象化がはかられているとも解せよう。これはまた、仏塔のマンダラ化につながるものである。

　ヒンドゥー教の世界でもほぼ同じ頃に、シヴァ神のシンボルであるリンガから、シヴァ神の顔や像が現われ出る彫刻が見られるようになる［図72］。仏塔とリンガとの両者に平行した文化現象の展開が認められる。仏塔はまさしく生命あふれ、躍動する形態に変容したといえる。

# 第四部　仏塔信仰の深まりと変容

# 第一章　大乗仏教と仏塔崇拝

## 一、大乗仏教の母胎は仏塔教団？

大乗仏教の起源は、依然として謎に包まれている。多くの学者がいろいろな見解を発表しているが、これぞ決定的といえるものは打ち出されていない。かつて仏塔崇拝を母胎にして大乗は生まれたという、きわめて興味ある学説が提唱された。従来の出家の比丘《びく》教団と異なる、在家の菩薩たちを主体にした菩薩集団、仏塔を中心にした仏塔教団というものが、独自の宗教活動を起こしたのがその起源だというのである。多くの学者が支持し、ほぼ定説とされるほどであった。それに異論を唱えたのは、美術史・考古学的資料を重視する人、別の文献から考察した人など、少数の者に限られていた。わたしも婉曲《えんきょく》的ながら疑義を表明していたが、しだいに外国の学者、わが国の最近の研究者によって積極的に反論されるようになり、かつての定説は今では影の薄い見解になりつつある。

右に述べた大乗の仏塔起源説によれば、菩薩たちはストゥーパ（塔寺）に住んでいたが、のちになって部派教団と同様に、ヴィハーラ（僧院）やサンガ・アーラーマ（僧伽藍）に住むようになったという。この場合のストゥーパとは、僧院の中央に仏塔を擁《よう》しているものを指している。こういう形体の僧院は、主に西北インドのガンダーラ地方に幾つか求められる。したがって、大乗仏教はそうした実例が見られる地域で、前一世紀頃に誕生したというのである。

しかし、この見解は文献の読み方、解釈の仕方で誤っているし、またガンダーラ地方の塔寺が大乗の菩薩教団所属だという証拠はなく、逆に部派教団の方に多くの塔寺・塔院が認められ、難点に満ちている。

第一に、ストゥーパという言葉が「塔寺」と漢訳されているからといって、ストゥーパはあくまでもストゥーパであって、僧院の意味を含んでいない。漢訳者が「寺」という字を加えたことで、誤解が生じたのである。仏塔を囲む僧院もヴィハーラと呼ばれていた。西インドの塔院窟や塔をもつ僧院窟と対応させて見ても、前に見たように、大乗とは異なる部派の僧たちが住んでいた。南インドでも、仏塔を囲む僧院（これが塔寺にあたる）が、南方系の保守的な部派に所属していた例が認められる。

第二に、大乗の在家の菩薩たちが仏塔と関係を持ったことが明らかにされるのは、文献の古層ではなく新層においてである。

第三に、仏塔に音楽や舞踏などを供養することは比丘たちに禁じられていたので、仏塔供養の主体者は在家信者であったという見解も、戒律の制定された由来から考えれば誤りである。比丘たちが音楽供養などに深く関わって問題となったから、戒律が定められたと解釈すべきで、その逆ではない。戒律のなかには許している例もある。

第四に、大乗的思想の誕生は古くても、教団組織を形成するに至ったのは、碑文から見る限り、三〜四世紀以降である。また、仏塔と深く結びついたのも後世である。

前に紹介したアジャンター石窟寺院で後期（五〜六世紀頃）に属するものは、明らかに大乗の比丘たちが寄進したものである。彼らは「シャーキヤ・ビクシュ」（釈種比丘《びく》）と呼ばれた。この呼び名の意味は定かでないが、別に「阿闍梨《あじゃり》」とか「大徳」とも呼ばれているので、従来の出家者と異ならない。稀ながら「大乗の信奉者」と呼ばれているので、大乗教徒であることは間違いない。窟院のみならず、壁画や仏像も寄進している。そこには決まって次のような願文がついている。「この寄進に何らかの福徳があるとするならば、両親をはじめとして、一切衆生の無上智の獲得のためになりますように」というのである。無上智とは最高の悟り、涅槃を指し、在家者にも得られることを教えている。

アジャンター石窟寺院が大乗教団と関係あることは、壁面に内容的に大乗仏典に近い『ジャータカ・マーラー』（本生《ほんじょう》の花輪）の名が銘記され、壁画にはそれとよく照合するジャータカ図が見られることで証明される。そして、碑文では寄進者たちが菩薩と呼ばれている。彼らは世俗の安楽と解脱を求め、栄達のなかにある者で、世俗における名声を造り、それがある限り、彼らの魂は天界において歓喜するであろう、という。月と太陽に等しき永劫の時間存続する名声は、この窟院の中に造られるべきだと言い、「寄進によって自らと一切衆生とが大いなる悟りの果を得られますように」という誓願を発している。つまりここでの菩薩とは、この世とかの世の両界における利益・安楽、そして自利・利他を求める者を指し、出家者と在家者との融合が図られている。

しかし、ブッダのことを「苦行者の中の神」「苦行者の主」と呼び、自分たちをも苦行者（厳しき出家行者）とみなそうとしていて、世俗との遠離《おんり》が認められる。大乗教徒は決して世俗的な生活に甘んじることはなかった。

また仏立像の寄進者の中には、チェーティカ（制多山部《せいたさんぶ》）に所属した者もいて、部派仏教徒の関与が見られ、大乗一色というわけではない。西インドの石窟寺院内では、異なった部派の僧たちが一緒に住んでいたことが、碑文上明らかにされる。部派間に対立などなかったことを示す。

いずれにせよ、後期のアジャンター石窟寺院では、出家と在家とを問わず、仏塔供養に熱心であった。これは従来の部派教団に属する僧院と変わらない。そして、在家者が主体というより出家者たちの方が優勢であった。

## 二、大乗仏教は仏塔崇拝を否定した？

右とは反対に、大乗仏教は仏塔崇拝に消極的で否定的であった、と主張される。その理由として、大乗経典の代表ともいえる般若経には、般若波羅蜜《はんにゃはらみつ》（智慧《ちえ》の完成、智慧の極致）さえ供養すれば、仏舎利も供養したことになると説かれ、また経中の王といわれる法華経では、法華経の受持《じゅじ》・説示こそ仏塔供養と同じと強調されたからだ、というのである。たしかに、大乗仏教はいわば新たな経典の創作運動であり、各自の経典の意義を大々的に宣伝するのに終始し、仏塔信仰は二次的なものとされたように見える。

しかし、このような見方は両経典をていねいに読むと、誤りであることが分かる。まず般若経は否定しているどころか、仏塔崇拝の意義をもうこれ以上表現できないほどの誇張でもって説いている。そしてそのあとに、それよりも般若経典および般若波羅蜜の供養の方が功徳は大きいのだ、といっているにすぎない。そしてさらに、仏舎利供養も従来の通り行なってよいと説き、否定などしていない。

般若経典には八種ほどの異本がある。二世紀から五世紀にかけての古い四本と、七世紀から十世紀にかけての新しい四本とに分けられる。両者の間には、内容の上で相違を示し、般若経典を信奉した人たちの仏身観、経典と仏塔などに関する見方の変遷の跡を追うことができる。

まず、経典と仏塔の関係を論じる箇所の章名を見ると、古い本では「般若波羅蜜功徳品《くどくほん》」「功徳品」とあり、経典の功徳を強調するウエイトは大きい。しかし、新しい本になると、「塔品」「供養塔品」「波羅蜜と塔の供養によって無量の功徳を受けるという章（サンスクリット本・チベット訳本）」というように変わってくる。

古い本によれば、ブッダの身体は般若波羅蜜から生じたものだ、と説かれる。普通わたしたちは、ブッダが智慧の完成をめざし、その結果として悟りを得たのだ、と考える。ところが、ここでは逆転される、智慧の完成、最高の智慧がブッダという人格を生みだしたのだ、という。ブッダが悟ったのではなくて、悟りがブッダを生んだのだ、というのである。したがって、仏（仏塔）より法（経典）が先行し、優位にあるということになる。

また、ブッダの「一切知」、すなわちあらゆることを見きわめる完全知（キリスト教でいう神の全知全能に対比される）も、般若波羅蜜から生じたものとされ、次いで、一切知から仏舎利は生じたものゆえ、仏舎利供養は以前のように行なってよい、と説かれる。つまり「般若波羅蜜→仏身・一切知→仏舎利」という方式が成り立つ。般若波羅蜜はすべての源（のちに「仏母」と呼ばれる）であり、それを供養することはすべてを供養したことになる、というのが結論である。

ブッダは、仏塔と仏舎利の供養の功徳の大きいことを最大限に称えたあと、シャクラ（帝釈天）に問う。「インドの大地に、仏舎利を満たして施与することと、般若波羅蜜を書いて施与するのと、汝はどちらをとるか」と。シャクラは「わたしは決して舎利を尊重しないのではありません」とことわった上で、後者を選ぶと答える。ブッダはシャクラの答えに満足し、般若波羅蜜を説く経典の崇拝の意義をとくとくと語り続ける。そして最後に、仏舎利は般若波羅蜜から生じたものだから有意義なのだ、と付け加えるのである。

新しい本になると、仏身や仏舎利を「相好身《そうごうしん》（特別な特徴をもつ身体）」とか「自性身《じしょうしん》（個体としての身体）」という名で呼び、如来の身体は般若波羅蜜の「善巧方便《ぜんぎょうほうべん》（巧妙な手段）」として生じたものだという新たな仏身観が展開される。そして、如来の身体は「仏塔（チャイティヤ）のごときもの」あるいは「仏塔（チャイティヤ）そのもの」だから、供養・崇拝すべきだと強調される。チャイティヤとは聖地をも意味し、般若波羅蜜が書写・供養された場所、ブッダが悟りを得た菩提道場、すなわち菩提樹下と同じところとされる。般若波羅蜜の供養は仏塔崇拝そのものであって、両者の比較など問題にならないようになる。

ところで経典崇拝の模様は、古本・新本とも、大体同じ内容を伝えている。

出家菩薩のサダープラルディタ（常啼菩薩《じょうたい》）が、五〇〇人の娘たちといっしょに、般若波羅蜜の法を聞くため在家菩薩のダルモードガタ（法上《ほうじょう》菩薩）を訪ねたとき、次のような仕方で崇拝されていた、という。

七宝で造られた台あるいは高楼の上に、七宝もしくは四宝より成る箱が載せられた。般若波羅蜜が紫磨黄金《しまおうごん》で織られた布や金板に書かれ、その箱に納められた。台や高楼は華・香・灯明・旗・音楽などで供養され、種々に荘厳《しょうごん》された。

この光景は、ブッダの涅槃後の舎利供養と酷似している。新本の一つには、七宝の台の中央に七宝の塔が設けられ、そこに般若波羅蜜を書いた金板を入れた箱がいっしょに供養されたとあり、経典崇拝と仏塔崇拝とが合体したことを明らかにする。

これらのことは考古学的にも証明される。アフガニスタンから、後一世紀頃の経典写本が納められた壷が発見されている。また、スリランカやパキスタンのギルギットなどに、まれに僧院からもあるが、多くは仏塔から経典を書き写した黄金製貝葉《ばいよう》、銅板・通常の貝葉などが出土している。

このように、般若経は仏塔信仰を否定したことはなく、比較して仏塔より経典の方が大いなる価値があるといっただけである。

あとで見るように、法華経でも、九〇パーセント以上は仏塔信仰を称《たた》える叙述で、否定的な記述があるのはほんの一部分でしかない。

図73　霊夢托胎の図。碑文に「世尊が入胎する」とある。（バールフット）

## 三、在家の菩薩たちと仏塔

菩薩とはもともとブッダの成道前の呼び名であり、その使われ方は四段階に分けられる。最初は、出家してから悟りを得るまでの苦行・難行を修めた六年間を指していた。つまりブッダとなる直前の呼称で、「悟りを得るために精進・努力する人」という意味である。

次に第二段階として、誕生時に使われるようになった。母マーヤーの母胎に菩薩が降臨したとき、世界に光明が現われ、大地が振動した。菩薩は生まれるや、立って七歩あゆみ、「わたしは世界の最上者である。これが最《さい》後生《ごしょう》である。もはや再生することはない」と叫んだ、とあるのがそれである。ここでの菩薩は超人化され、「悟りを得ることの確定した人」を意味している。

こうした考えは前二〜一世紀頃にはまだ生まれていなかった。なぜなら、経典では「菩薩」とあるのに、紀元前の彫刻に付された碑文では、菩薩の語は使われず「世尊《せそん》」という呼び方がなされているからである［図73］。

ここで注目すべき点は、少年および青年時代の呼び名は菩薩でなくて、「太子」とか「王子」となっていることである。愛欲果敢な時期は菩薩と呼ばれなかった。

仏教はもともと現世中心であった。しかし、間もなく輪廻思想を採用するようになり、ジャータカという前世物語（説法の一形式）がつくられるようになる。しかし、これはなにもブッダが主人公とは限らず、ブッダが関係しても菩薩と呼ばれることもなかった。それが前世における大いなる布施行、捨身行《しゃしんぎょう》などの偉業（菩薩行）を語るものへと変わって、菩薩という呼び名が使われるようになった。これが第三段階で、後二世紀初頭以降のことである。

最後に第四段階として、王子時代にも適用され、結婚して子どもを得る在家時代の呼び名となるはずである。ところが案に相違して、そこは「太子」のままである。在家の菩薩とは、どうもブッダの生涯と関係ないところから生まれたようだ。それならどこからかと問われようが、それは謎というほかない。ともあれ、やがて「誰でもの菩薩」という考えが生まれるにいたる。そして、出家や偉大な行為をしなくても、仏になりたい、悟りを得たいという心（菩提心《ぼだいしん》）を起こすだけでよいとか、あらゆる人に仏に成る可能性（仏性《ぶっしょう》・如来蔵《にょらいぞう》）が内在しているという思想へとつながっていった。

このように、菩薩という名称をブッダだけではなく、一般の人々にも適用させ、自分たちを菩薩だと呼んだのは大乗教徒であったのかというと、それは必ずしも断定できない。南方上座部の方で阿羅漢を菩薩とみなしたり、説一切有部《せついっさいうぶ》で相承者のなかに菩薩と呼ばれた人たちがいたり、スリランカの王たちが自らを菩薩であると宣言したりしているからである。大乗からの影響だと一蹴《いっしゅう》することはできない。前に見たように、法蔵部という部派は「菩薩蔵」というものを受持《じゅじ》していた。ただ、菩薩たちの活躍の例証を多く得られるのは大乗仏典においてであり、大乗教徒がとくに衆生《しゅじょう》利益《りやく》の実践を強調したといえる。

ここでは、郁伽《いくが》長者所問経《ちょうじゃしょもんぎょう》という大乗仏典から、在家の菩薩たちの仏塔との関わりについて見てみることにしよう。この経典は、大乗仏教の仏塔教団起源説を提唱する際に援用されたものである。サンスクリット原本は断片しか得られないが、古い二訳本（後二一～四世紀）と新しい三訳本（後五世紀以降）がある。内容上変化が認められ、歴史的発展の跡をたどることができる。

まず、在家の菩薩たちが仏・法・僧の三宝《さんぼう》に帰依する際に、第三の「南無帰依僧《なむきえそう》」というときの「僧」とは誰を指していたかというと、最初は従来の教団、部派教団の僧たちであった。それがのちになると、尊敬はうわべだけで内心ではそうでないとか、大乗の僧たちをも尊敬すべきであるとか、不退転の菩薩（出家の菩薩）を頼りとすべきで、従来の教団の僧たち（声聞《しょうもん》）を頼りとすべきではないといわれ、最後には大乗以外の教えを心に思うことがないようにする、といわれるようになる。とはいっても、従来の教団の僧たちへの尊敬を完全に否定し去ったわけではなく、彼らは両教団の僧たちを共通に敬っていた。

在家の菩薩たちは、僧院に入ったらそこにどういう僧たちが住んでいるかをよく観察する。どの僧が経典に明るいか、律に精通しているか、法を説く者か、菩薩蔵を受持している者か、山林での修行を好む者か、大乗（菩薩乗）の道を歩む者か、というようにである。それぞれの僧のもとで、それぞれの道を学ぶべきだといわれる。このなかで菩薩蔵を受持する者とは法蔵部に属する僧たちを指し、六波羅蜜と方便の行《ぎょう》に明るいとされる。大乗の僧たちとは布施・愛語《あいご》・利行《りぎょう》・同事《どうじ》の四摂事《ししょうじ》（衆生利益の行）を説く者を指す。

これらの記事から、従来の部派教団の僧と大乗の僧とが同じ僧院に住んでいたこと、法蔵部と大乗仏教がきわめて近い思想を説いていたことなどが知られ、部派（小乗）と大乗の対立といった杓子定規的な考え方は正当でないことが分かる。

新本には、古本に見られなかった記事が載せられている。それは、在家の菩薩たちが僧院に入って仏塔に礼拝し、次のような三つの想《おも》いを起こすべきだと説かれることである。「わたしもまたこのように供養を受けたい」「わたしも一切衆生を救うために舎利をこの世に留めたい」「如来が無上の悟りを得て、なすべきことをなし終えて涅槃したように、わたしも同じ道を歩むよう精進したい」というのである。つまり、自分も仏に成りたいという願を起こし、自分の遺骨が舎利塔に祀られ供養されるよう望むことを意味し、成仏への切なる願いが明らかにされる。つまり仏塔は「発菩提心《ほつぼだいしん》」や「一切衆生悉有仏性《いっさいしゅじょうしつうぶっしょう》」という思想と密接に関わっていたことが分かる。

このように、在家の菩薩たちが僧院内の仏塔と親しく接するようになったのは後期のことであって、初期大乗が在家菩薩の仏塔教団から発生したというような見方は、成り立たないことになる。

## 四、出家の菩薩たちと仏塔

出家の菩薩には、世間の喧騒《けんそう》を離れ、僧院の生活をも拒否し、もっぱら山林（荒野）や洞窟などで瞑想に専念する「林住の菩薩」と、集落の近くの（あるいは集落の中の）僧院に暮らす「村住の菩薩」との二種のタイプがあった。ときに両者は、どちらが清らかであるかという問題をめぐって、激しい争いを交わすことがあった。そこでは、相手を「にせ菩薩」「盗賊菩薩」「チャンダーラ菩薩」などと罵倒していて驚かされる。

三帰依文《さんきえもん》の原型を載せることで有名な華厳経の「浄行品《じょうぎょうぼん》」に、在家の菩薩たちの誓願、出家の菩薩たちの誓願と僧院内での生活や修行の模様が記されている。その終わり近くになって（夕方の勤行《ごんぎょう》を示す）、出家の菩薩たちの仏塔礼拝の模様が述べられている。この文献も、大乗の仏塔教団起源説提起のために利用されたものである。

これには三〜四世紀の古本（二本）と五世紀以降の新本（三本）とがあり、その両者の間に内容の違いが認められる。古本も新本もすべて詩（偈頌《げじゅ》）のかたちで綴られている。

菩薩たちは、坐禅を行なうのを常としていた。古本によれば、一人一人個室にこもって行なっていたが、新本になると、禅堂のような集会場に集まって行なうようになった（これは考古学的にも証明される）。ときどき外出したが、坂道を通ったという。僧院が山岳や丘陵地帯にあったことを示唆する。また、途中で目にしたものは城郭や宮城、ときには訴訟所、要塞《ようさい》（貴人の邸宅、領主の館）などで、出会った人々は王・王子・公卿《くぎょう》・長者・大臣などであった。にぎやかな街の中に歩みを進め、王侯貴族や豪商たちに接したことを推定させる。

乞食《こつじき》に出掛けて何も得られず、空鉢のまま帰るときもあった。しかし、食事は僧院でなく、施食《せじき》者の家でとったとあり、ときには馳走を受けた。食事後説法をし、謝礼の祝福（ダクシナー）をした。一般に豊かで大きな屋敷内で給仕されたようだ。

僧院に戻って来ると、そこで「見仏《けんぶつ》」や「観仏《かんぶつ》」、仏塔礼拝、仏を称賛する読経《どきょう》を行なった。古本では「まず仏（仏の図像）を見、あるいは仏を仰ぎ見、頭を地につけて仏に礼拝し、塔のまわりを一回、三回と右遶《うにょう》し、仏を称《たた》えながら読経した」とある。それが新本になると「仏を見、仏をあきらかに観《み》て、あるいは瞬きせずに観て、仏塔を観て、塔に頂礼し、三回右遶し、仏の徳および相好《そうごう》を賛嘆した」というように変わる。

古本では、見仏、仏（仏像）や仏の図像への礼拝が強調され、仏塔の礼拝はなく、ただ塔のまわりを巡ることのみが簡単に述べられている。それに対して新本の方では、見仏のほかに観仏というものが加えられる。しかし、それらには簡単に触れるのみで、仏塔については三通りの動作が詳説される。最初は仏像や仏画像が主体であったのが、のちに仏塔崇拝が深まったことを物語る。つまり、大乗の出家の菩薩たちの仏塔への関わりは後世のことで、仏塔を中心にした菩薩教団から大乗が生まれたという説は成り立たない。

見仏と観仏については、「見」と「観」との違いをはじめ、種々区別され意味づけられるが、ここでは塔を仏そのものとみなし、目のあたりに仏の姿を見て礼拝すること、仏画像や仏塔を凝視して、仏や仏徳を想い慕うことを指している。仏の相好《そうごう》というのは、仏の身体にみられる三二種の特別な特徴（三十二大人相）を指す。それらを一つ一つ観想する三昧と関連するが、ここでは称賛の対象とされているだけである。

観仏三昧海経《かんぶつざんまいかいきょう》という経典に、「塔に入って仏の形像を観て『南無仏《なむぶつ》』と唱え、念仏三昧を体得すれば、諸仏が現前し授記《じゅき》（将来、悟りを得て仏になるだろうという予言・保証）を与えるであろう」と説かれている。右の叙述に噛《か》み合う。しかし、仏の形像《ぎょうぞう》とは仏像のことで、仏塔や画像ではない。仏像・仏画像・仏塔の三者がそろう僧院といえば、西インドの石窟寺院である。したがって、この場合の「塔」とは、仏像を刻んだ塔のあるチャイティヤ窟（塔院窟）ということになろう。

「浄行品」には、菩薩が外出したときに、河・池・泉などを見たとあるが、なかに「はるか遠くに江海を望んだ」という文があり、海を望むことのできる石窟寺院は西インドに求められ、まさしく対応する。集落から少し離れ、山岳地帯にあることも同じである。したがってここでの菩薩たちは、林住の菩薩と村住の菩薩との中間型といえる。

西インドの塔院窟は最初丸屋根だったが、のちに平屋根の方形型に変わる。そこには大乗的な人々といわれる「釈種比丘《びく》・比丘尼《びくに》（出家の僧尼）」とか「釈種優婆塞《しゃくしゅうばそく》・優婆夷《うばい》（在家の男女信者）」という寄進者が登場し、「一切衆生に無上智（最高の悟り）の獲得がありますように」といった祈願文がみえるようになる。そうした石窟寺院に住んだ僧たちが、「浄行品」の菩薩たちと対応する。

後七世紀に海路で渡印した中国僧の義浄《ぎじょう》は、大衆《だいしゅ》（出家の菩薩たち）が夕方に門を出て、仏塔礼拝に出掛けたことを伝えている。「塔を三回右遶し、香・華をささげ、みな蹲踞《そんきょ》し、よい声の持ち主に仏徳を称《たた》える詩を唱えさせる。それから帰ってきて、集会堂で坐禅をする。経師が獅子座に坐り、仏を称える経を誦《じゅ》す」というのである。

この報告は「浄行品」の記述にぴったり符合する。僧院と仏塔（塔院）が離れていたことが分かるが、このような形式の伽藍が多かったので、なにも不思議なことではない。

このように、出家の菩薩たちの仏塔崇拝は厳粛な行為で、念仏三昧や観仏三昧と深くかかわり、一種の瞑想のかたちをとっていた。

## 五、法身舎利を納めた仏塔

前に見たように、般若経では仏塔より経典が重視されたが、それは必ずしも仏舎利の無意味を主張するものではなかった。経典崇拝の仕方も仏舎利供養と同じで、漸次《ぜんじ》経典を仏塔の中に納めて崇拝するようになった。

ところが、経典を全部納めるのではなくて、経典の中から一つの詩（一偈《げ》）だけを粘土の印章や石板、あるいは仏像のまわりや台座に刻み、それを塔に納めるという方法がとられるようになる。ブッダの肉身である遺骨・舎利に代わって、経典の精髄である一偈を仏の法身《ほっしん》として、塔内に祀るようになった。

大乗経典の随所に、経典の中から一偈だけでよいから、それを書写して供養すれば大いなる功徳を得る、と繰り返し説かれている。その一偈とは何かと言えば、「無常偈《むじょうげ》」と「法身偈《ほっしんげ》（縁起法《えんぎほう》頌《じゅ》）」があげられる。

前者は、菩薩である雪山童子《せっせんどうじ》が羅刹《らせつ》に自らの身体をささげて聞き出し、石に刻み込んだというのがそれである。「諸行無常　是生滅法《ぜしょうめっぽう》　生滅滅已《しょうめつめつい》　寂滅為楽《じゃくめついらく》（すべてのものは変化する。生じたり滅したりするのは決まりきったことである。生じたり滅したりすることがなくなれば、静寂が来たり究極の安楽を得る）」というもので、俗に「いろは歌」の原型とされる。

後者は「諸法従縁起《しょほうじゅうえんぎ》　如来説是因《にょらいせつぜいん》　彼法因縁尽《ひほういんねんじん》　是大沙門説《ぜだいしゃもんせつ》（すべてのものは縁［因と縁］によって生起《しょうき》する。如来はこの因と縁について説かれた。またすべてのものの因と縁の滅尽についても説かれた。これが大沙門（ブッダ）の説かれたことである）」というものである。

両者とも仏教の最も基本的な教説を簡略化し謳《うた》っているが、好まれたのは後者である。

文献では、般若経の代表、八千頌《じゅ》般若経（サンスクリット本）の文末に見ることができる。経典称賛、法身偈（縁起法頌）、願文《がんもん》の順で記されている。

まず「一切の如来・菩薩・声聞《しょうもん》たちの母である『聖なる八千頌《じゅ》より成る般若波羅蜜』終わる」とあり、ついで「これは不滅の法であり、不可思議にして希有《けう》なる見解の星の花輪であり、すべての世界の人々によって敬礼され、すべての安楽の源である」と経を褒《ほ》めたたえる。そして、「般若波羅蜜をよく受持《じゅじ》・理解・保持し流布させ、常に求めて住むべし」と命じられる。それから縁起法頌が記される。そして終わりは「この経典は大乗の信奉者で在家信者のルクシュミーダラの寄進である。ここにあろうすべての福徳は、わたしの教師・両親をはじめとし、一切衆生に無上智の獲得がありますように」という願文で結ばれる。

寄進という善行によって得られる功徳を他者にふりむけようとする、大乗教徒の心情が吐露《とろ》されている。これまで見てきたように、「一切衆生に無上智の獲得がありますように」という願文は、後四世紀以降の碑文に頻繁に現われ、大乗教徒が好んだ常套句《じょうとうく》である。文献と碑文が一致する実例として特筆に価する。

造塔功徳経《ぞうとうくどくきょう》という経典に、次のようにある。

ブッダは、「塔内に仏舎利・髪・歯骨・髭《ひげ》・爪、それらの一部、あるいは法蔵《ほうぞう》の十二部、最低で

図74　縁起法頌を記した円板（ボロブドゥール）

も四句偈《しくげ》を安置するならば、功徳は梵天のごとくで、死後梵天界に生まれるであろう」と説いた。そこで観音菩薩が「四句偈」は何ですかと尋ねた。するとブッダは、それは法身偈《ほっしんげ》のことで、仏の法身であり、それを書写し塔内に安置すべきで、それによって仏を見ることができる、と答えた。

これは古く「法を見る者は仏を見る。仏を見る者は法を見る」とか「縁起を見る者は法を見る。法を見る者は縁起を見る」と説かれたのを受けて、のちに「この縁起法頌は如来たちの法身である。縁起法頌を見る者は如来たちを見る」と展開するのに対応する。そして、一種の呪句《じゅく》となり、無病の付与や病気の治癒などを得る呪力を発揮するものと化す。これを記した石板・石柱・粘土の印章や小塔、仏・菩薩像、大塔のまわりの奉献塔などが、インド各地、さらにはインドネシアのボロブドゥールからも得られる［図74］。とくにブッダ初転法輪の地サールナートからは、七世紀以降、文殊菩薩像、奉献塔、観音菩薩像、ターラー女神像、クベーラ・ヤクシャ（夜叉）像など、数えきれないほどの作例が得られる。東インドのオリッサ州からは、ヒンドゥー教のシヴァ神のシンボルであるリンガ、ジャイナ教の聖者像などに刻まれたものがあり、ひろく共通の呪句として利用された。

七世紀、中国僧玄奘にナーランダーで唯識学や論理学を教えたジャヤセーナという人は、山林に住むことを好む在家の論師で、一〇〇歳まで生きたが、三〇年間に七億の「法身舎利塔」を造って供養したと伝えられる。一億ごとにまとめて大塔にし、供養すると不思議な光が輝き、奇蹟が現われたという。

このようにブッダの肉身舎利に代わって、法身舎利の供養は経典すべての書写・供養と同等の意義をもつ信仰形態として、流行したことが知られる。それは四世紀以降のことで、決して古いものでない。あとで見るように、法華経に仏舎利は必要でないとあるのに対応するものである。

また、法身舎利には法身偈だけでなく、他のダラニやダラニを含む経典があてられ、中国や日本にも伝わっている。ダラニを記した巻紙を納める法隆寺の百万塔などは、この伝統を受け継いでいる。とはいっても、肉身舎利である仏舎利（本ものかどうかは問題外）を祀る塔が消滅したわけではない。

## 六、法華経に見える仏塔崇拝

般若経と並んで代表的な大乗仏典、法華経に見える仏塔崇拝の模様を眺めてみよう。

実にさまざまな説かれ方がなされ、整理するのが大変である。仏塔に関して記されているところを、順次見ていくことにしよう。法華経はまさしく仏塔礼賛の経典といってもよい。

まず第一章「序（序品《じょほん》）」では、いろいろな菩薩たちが列挙される。自国・大臣・親族を捨てて出家する王の菩薩、森林・洞窟などで修行に励み、戒律を守る菩薩（林住の菩薩）、仏を称《たた》える詩を造り、比喩を使って法を説く者で、他の比丘たちから悪口や辱《はずかし》めを受けても、それを耐え忍ぶ者（法師《ほっし》）、村落や城市の近くの僧院に住む菩薩（村住の菩薩）、仏に対し高価な衣・食・住を捧げ、多くの僧房・精舎を寄進する菩薩などである。

そして、最後にあげられるのが、仏舎利供養に勤める菩薩たちである。彼らはガンジス河の砂の数ほどの仏塔を建立する。みな七宝で造られ、十方世界は美しく輝くという。

これは、王族や豪商など、よほどの財産を所有しなければできないことだ。しかし、そうとは限らない。驚くなかれ、出家者たちも含まれる。

第二章の「巧みな方便の章（方便品《ほうべんぼん》）」では、七宝に限らず、石・木・煉瓦・泥・砂などで塔を造ってよい、と説かれる。それによってみな悟りを得ることができるという。子どもが戯《たわむ》れに砂を集めて小さな山を造り、それを仏塔と見立てれば悟りを得たことになるだろう。仏塔や仏像に華一本、楽器一つ、歌の一音だけでもよい。合掌も不完全なかたち、すなわち片手だけ、ちょっと頭をさげただけ、ちょっと身体をかがめただけでよい。仏舎利塔に「仏に帰依し奉る」と唱えるならば、それがたとえ乱れた心であれ、また、たった一度だけであれ、最高の悟りを得たことになる、と極言される。

仏に成る道の易行《いぎょう》化・世俗化を示し、ヒンドゥー教のバクティ信仰、浄土教の念仏行などと通じる側面が認められ、注目に価する。

この第二章には、ブッダが教えを説いたとき五〇〇人もの人たちが座を離れ、立ち去ったという文が見え、驚かされる。法華経の方針に反旗をひるがえした人たちがいたことを暗示する。先に、菩薩たちはどんな悪口や誹謗を浴びせられても、それに耐え忍ぶと記されていたが、それに呼応しよう。

この章のモットーは、信仰の形態がどうであれ、すべての人は悟りを得て仏に成れる、と強調するにある。六波羅蜜行《ろくはらみつぎょう》や経典の書写・読誦《どくじゅ》などよりはるかに簡単な道を、仏塔や仏像を持ちだして教示している。まさに文字通り「誰でもの菩薩」への道を開いている。

次に、第六章に興味深い話を得る。ここでは声聞《しょうもん》たちの成仏が、ブッダの予言のかたちで物語られる。普通声聞（仏弟子・阿羅漢）は菩薩と対峙《たいじ》的に置かれ、仏に成れるものとはみなされない。それがここでは、彼らも仏に成れるという。多くの声聞が登場するが、そのなかで、長老マハーカーティヤーヤナの仏塔建立と供養は目をひく。彼は来世において諸仏を供養し、その仏たちの滅後、七宝から成る高大な塔を建立し、種々の供物を捧げて供養するが、それによって菩薩の道を踏んで仏に成るだろう、と予言される。仏塔建立と供養が菩薩の道で、仏に成る方法だというのは、第一章の記述に沿うものである。

彼は「論議第一」と称され、よくバラモンたちと論争し、カースト間の平等を説いた人として有名である。いうまでもなく出家の比丘である。右の話で、彼が仏塔建立や供養を行なう際に、在家者になったというような記事はない。つまり、来世も出家の比丘のままで、それらを行なうことを示す。したがって、これは出家菩薩の仏塔建立と供養を下敷きにした話とみることができる。

## 七、宙に浮いた巨塔

法華経の第十章より前に、第十一章「塔の出現（見宝塔品《けんほうとうぼん》）」を見ることにしよう。そこには、まさに映画の大スペクタルを見るような光景が描かれている。

ブッダの前に出家・在家の男女すべての仏教徒が集まっていた。そのとき、突然地面から巨大な塔（ストゥーパ）が出現した。そして、空高く上り、宙に浮かんでとどまった。するると、塔の中から声がした。「釈迦牟尼世尊《しゃかむにせそん》よ、すばらしいことだ。すばらしいことだ。あなたは『正しい教えの白蓮（法華経）』という法門を巧みに説かれた。その通りだ。その通りだ」と。人々は思わず歓喜し、座より立ち上がり合掌した。

そのとき、大弁才《だいべんざい》（大楽説《だいぎょうせつ》）という名の菩薩が、この奇蹟の理由（因縁）をブッダに尋ねた。すると、ブッダは答えた。「この声は塔の中にいる如来の完全な身体（全身）から発せられたものである。下方（あるいは東方）はるか彼方に宝浄《ほうじょう》世界というところがあり、多宝如来《たほうにょらい》という方がおられた。過去世に菩薩のとき、将来法華経を聴聞し、悟りを得て仏に成りたいという誓願をたてた。それが叶い、その通りに仏に成った。涅槃に入られるとき、神々や人々に自らの全身を祀る塔を造るよう命じた。それがこの巨塔である」と。

次いで、皆がその多宝如来のお姿を拝見したいと願うと、これも多宝如来の誓願だと言って、次のように答えた。

「十方世界において異なった名前で法を説いている仏たちは、釈迦如来が化作《けさ》された自らの分身である。もし法華経を説く仏がいるなら、それを聴くために、自分の全身を祀った塔へと赴かせたい。もし人々がその塔を見たいと望んだなら、釈迦如来の分身である仏たちが巨塔のもとに集まって来て、一つの完全な身体となりますように」というものであった。

そこでさらに、大弁才菩薩は、その釈迦如来が化作された分身というものを見たい、と所望する。ブッダは眉間の白毫相《びゃくごうそう》より光を放ち、菩薩たちで満ちあふれた十方の仏国土で、無数の仏たちが説法しているさまを示して見せた。すると分身の仏たちは菩薩衆に向かって、「多宝如来の舎利塔を礼拝するために、釈迦如来のもとに行こう」と誘う。

そのときブッダは、自らの世界である娑婆《しゃば》世界と、集まって来る仏たちの坐る場所を美しく飾りつけた。集まった分身の仏たちは、各自樹下の獅子座に坐った。すべて集合し終わったとき、グリドラクータ山（霊鷲山《りょうじゅせん》）におられた釈迦如来のもとに侍者を遣わし、「みな多宝如来の塔が開かれるのを待っています」と告げた。

そこで釈迦如来は座より立ち上がり、空高く空中に立ち、巨大な塔の中央の扉を開いた。すると中に、多宝如来の肢体が、生き生きとして美しい姿で獅子座に結跏趺坐《けっかふざ》して坐り、三昧に入っているのが見られた。

突然、多宝如来が口を開いた。「すばらしい、すばらしい。釈迦牟尼世尊よ、あなたがこの法華経という法門を大衆の真ん中で説かれるとは、本当にすばらしい。わたしはまさしく、これを聴聞《ちょうもん》するためにここへやって来たのです」と。

人々は多宝如来が涅槃以来長期間経ているのに、このように話をするのを見て驚き、未曾有《みぞう》のことと称え、二人の如来に宝華《ほうげ》を捧げた。多宝如来は釈迦如来を塔内に招き入れ、獅子座の半分を譲って坐らせた。二人が大塔の中央に坐り、宙高く浮かんでいるのが見られた。

人々も、空中に上りたいと望んだ。すると釈迦如来はそれを察し、彼らを空中まで引き上げた。

以上が第十一章の粗筋《あらすじ》であるが、語り手や舞台の設定者のブッダと別に、また役者としての釈迦如来が登場し、内容は錯綜し実に分かりにくい。誤解を恐れず、わたしなりに理解を試みるならば、次のようになろう。

まず、法華経と巨塔（多宝如来）と釈迦如来の三者が、いわば三位一体の関係にあり、法華経は最高の経典（法）、釈迦如来は最高の仏（仏）であることを、永遠の生命体としての巨塔（多宝如来そのもの）が権威づけ、証明づける構図になっている。

巨大な塔は、これまでの仏舎利塔を超越し、時空を越えて生命を保持してきた多宝如来を胎内に宿す、まさに生きた生命体としての塔である。その巨塔が宙高く浮かび「法華経こそ第一の経典だ」「釈迦如来こそ第一の仏だ」と高らかに宣言するのである。巨塔が一大役者を演じている。しかもそこへ、釈迦如来が化作した分身の仏たち（十方諸仏）が一堂に会し、それをまさにその通りだと首肯《しゅこう》し、承認するのである。各地に分割された仏舎利を祀る塔とは異なる、「全身」を祀った塔の建立をめざすべきだ、というのである。これは仏塔の巨大化する動きを暗示している。

## 八、仏舎利は必要でない

法華経の仏塔に対する態度は、般若経と異なり、仏舎利へのこだわりのないことである。これまでは、仏塔といえば仏舎利を奉安し祀るものであった。第一章ではそうであった。ところが、そうではなくて、新たに創られた経典を祀る塔、その経典を説く法師《ほっし》たちが居住するところに建てられる塔こそ、真の仏塔だと主張するようになる。そして、仏塔に仏舎利は必要でない、という。学者のなかには、塔内に仏舎利を奉安するのを禁じたのだとか、仏塔信仰を否定したのだと解釈する人がいるが、それは当を得ていない。

第十章「法を説く師（法師品）」には、次のように記されている。

まず、良家の子女（善男子《ぜんなんし》・善女人《ぜんにょにん》）は、法華経の中の一偈《げ》一句を聞いただけで、あるいは発心《ほっしん》し、この経典に随喜《ずいき》しただけで、無上の完全な悟りに到達し、未来に仏と成るであろう、と予言される。その一偈を受持《じゅじ》・読誦《どくじゅ》・習得・解説《げせつ》・書写し、華・香・衣服・旗・音楽などを供え、合掌・礼拝し、法華経を尊崇・供養・賛嘆する者は悟りに達し、如来（仏）に成るだろう、という（その一偈が何を指すのか明らかでないが、先の「法身偈」に当たるとすれば、当然仏舎利は何ら必要ないことになろう）。

世間には、如来を誹謗《ひぼう》し、法華経を信奉する人々に悪口を言う者がいる。そのような状況のなかで、法華経を書写し経巻にして肩に背負う者は、神々・人々から尊敬されよう。なぜなら、彼らが説く法門（法華経）を聞けば、無上の悟りを得るからである。

しかし、この法華経は世間に受け入れられず、信じられず、如来の心の中に秘密の教えとしてとどまり、広く知らされなかった。多くの者から排斥されていた。

いかなる土地であれ、この法門が語られ、教示・書写・読誦されるところ、そこには高大で宝石製の如来の塔（チャイティヤ）が建立されるべきである。仏舎利を安置する必要はない。なぜなら、そこには如来の「全身」が安置されているからである。それはストゥーパと同じように礼拝・供養されるべきである。これこそ菩薩行に相当し、完全な悟りに近づくことができる。

法華経の法師は、他の者から石を投げられたり、棒で打たれたり、悪口を言われ罵られても、耐え忍び、勇者として法華経を説く。彼はたった独り人気のない荒野・山林・洞窟などに住み修行する、という（第十二章では、法師たちは村に住み、山間に住む者と対決したとあり、相違する）。

以上が第十章の記事である。内容は矛盾・錯綜し、筋をたどりにくい。法華経の信者たちは良家の子女とされたり、人気のないところに住むといわれたり、在家者なのか出家者なのか定かでない。しかし、この章のねらいは仏塔を否定するのではなく、それを通して法華経の信仰を鼓舞することにある。仏塔は、法華経を護持《ごじ》し学習する中心センターとして意義づけられる。仏舎利はなくても、法華経と結びついているならば、何ら問題にならない。そこには如来の「全身」があるからだ。

また、この章では、塔はチャイティヤと呼ばれている。チャイティヤとは思い慕う聖地を指す。法華経を説く法師は釈迦如来と同等の人である。彼らが住むところは、ブッダが誕生し、悟り、法を説き、涅槃した聖地（すなわち四大聖地）と同じように、永遠に記憶されるべきで、塔を建立すべき場所である。

このほか注目されるところを拾いあげてみると、第十六章に、仏塔や僧院の建立、僧たちへの布施など必要ない、と記されていて目をひく。この法門（法華経）を受持・読誦すれば、それらをしたことになるからだ、という。ところが、そう言いながら、そのあとで仏塔建立や供養の方法が詳しく説かれていて、矛盾を示す。すなわち、この法門を受持し六波羅蜜行を実践する良家の子女は、菩提座に向かって進む者、菩提樹下に赴く者であり、彼らが立ち、坐り、経行《きょうぎょう》（きんひん）（坐禅後の歩行）するところは、如来を祀る塔が建立されるべきだ、というのである。

さらに第二十章では、法華経が受持・教示・書写・読誦・解説・修習・供養される場所が僧院・家・森・町・樹下・高楼・庵・洞窟など、どこであろうとも、そこに如来の塔が建立されるべきだ、と記される。その場所こそ、如来たちが完全な悟りを得、法輪を転じ、涅槃に入られたところだ、という。ここでは塔が僧院や家、高楼などに建立されることが記されていて、見逃せない。つまり山間（森林）と世間（村落）とに分けていない。

このように、法華経には実にさまざまな仏塔信仰の模様が記されている。しかし、次の四点に要約できよう。一つは易行道《いぎょうどう》的な仏塔崇拝（仏像・仏画には軽く触れるだけ）、二つ目は塔建立とその供養が菩薩行であり、成仏の保証となること、三つ目は仏の全身を祀る生命そのものの巨大塔の建立、四つ目は仏舎利にこだわらず、法華経を護持し説示する法師たちの居住地への塔建立の推奨である。これらすべてが、同時に一箇所においてなされたとはみなし難い。またストゥーパとチャイティヤの用語を区別しているのも問題である。課題はつきない。

# 第二章　部派仏教と仏塔崇拝

## 一、仏塔を崇拝すれば仏に成る

大乗は部派（小乗）と対立したとよくいわれるが、これは誤りである。部派仏教のなかにも大乗的な思想は多く認められ、大乗の教団が成立したのちも、僧たちは互いに行き来し、一緒に学び修行していた。そもそも大乗の僧たちは、部派の教団内で戒を受け僧になった。玄奘は、「大小兼学」の僧院が数多く存在していたことを伝えている。

ここでは、大衆部《だいしゅぶ》という部派から派生した、説出世部《せつしゅっせぶ》が説く仏塔崇拝の意義について見てみよう。

仏教混淆サンスクリットという特殊な言語で書かれた『マハーヴァストゥ（大事）』という経典がある。冒頭の題名は戒律に関する経典と宣言しているが、実際の内容は、主にブッダの伝記とそれにまつわる前生物語《ぜんしょうものがたり》（ジャータカ）から成る（同じ物語が散文と韻文と繰り返して語られるが、韻文の方が新しく、菩薩物語となっている）。しかし、途中に別種の経典が挿入されたりして、複雑でまとまりのない文献である。

挿入経典の一つに「アヴァローキタ・スートラ（観察経《かんざつきょう》）」というのがある。仏塔への供物、供養の仕方、その功徳や利益《りやく》、仏塔の供養者とはどういう人か、といったことが二三七偈でもって詳細に書き連ねられている。

アヴァローキタとは「観察した」という意味で、観世音菩薩の名前に関連している。ブッダが菩提樹の下で、衆生利益《しゅじょうりやく》のために慈悲心をもって「世間を観察した」ということから由来する。仏塔は、まさに利益多き観世音菩薩の位置を占めているかのようである。

まず、仏塔の右遶《うにょう》の功徳が述べられる。

右遶するときには、一切衆生の利益を願い、菩提心《ぼだいしん》（悟りを求めようとの決意）を起こすべきである。そうすれば神々に供養され、一瞬の仏の出現にもあいまみえることができる。彼は存在するものに無我性《むがしょう》と空性《くうしょう》を見て、惑うことがない。富豪の家に生まれ、よく布施を行なう。また転輪聖王、神々の主・帝釈天となる。

仏塔に花輪を捧げるならば、天女が仕え、宝石より成る宮殿、八功徳水の満ちた蓮池を得て、天の栄華を享受する。絹や布を捧げれば、智慧を得て最上の悟りを証得《しょうとく》する。

仏塔崇拝者は、息子や娘、妻をも捨てて遊行し、忍辱波羅蜜《にんにくはらみつ》を成就し、利他行《りたぎょう》を望む。彼は仏子《ぶっし》と呼ばれ、彼に対して迫害をなす者は、ヤマ（死神）の世界（地獄）に堕し、決して救いを得ることはない。

仏塔供養者は、正法《しょうぼう》を護持《ごじ》する。正法が破壊されつつあるとき、彼はそれを一夜でも一日でも護持する。人々に対し慈悲心をもつ者となり、涅槃した勝者《しょうじゃ》（仏）たちの勝れた法を説き、護持し、無数の仏塔・僧団・世尊に供養する。煩悩なき者となり、他者に対する利益行《りやくぎょう》をなし、無比なる仏と成る。

さらに、香・旗・傘・灯明・音楽などを捧げることによって、最上の寂静《じゃくじょう》をそなえ、無比なる悟りを得る。衆生を憂いなき道に置かしめ、恐怖におののく人々を安心させ、人々の救護処《きゅうごしょ》となる。決して愛欲を享受することなく、清浄な戒律を守る。林に入って禅定《ぜんじょう》をなし、菩提心を決して捨てず、慈悲心に住む者となる。

供物だけでなく、仏塔の飾り付け・清掃・建立や修理の際の煉瓦の運搬なども、みな功徳あるものとして推奨される。彼らは戒と禅定を保ち、女性に対し情欲を起こすことがない。

つづいて塔への塗香《ずこう》、宝珠《ほうじゅ》の首飾りの献納、さらに塔についた蜘蛛の巣の除去、萎《しお》れてしまった献花の除去、塔への合掌・礼拝などがあげられ、それらによって仏に成ることが説かれる。彼らは戒の集まり（戒蘊《かいおん》）に立つ菩薩であり、仏の智慧に安立《あんりゅう》し、多くの人々のために愛語・布施・利《り》行《ぎょう》・同事《どうじ》の四摂事《ししょうじ》（衆生利益の行）を行なう。
最後に、仏塔の供養者は「多くの苦しみを持つ衆生を解脱させたい。世間の眼となって暗闇の破壊者になりたい。無上の悟りを得たい」との誓願を起こす。仏は彼の心を察して微笑し「汝は将来世間主《せけんしゅ》である仏に成るであろう」との予言（授記《じゅき》）を与える。

以上が「アヴァローキタ・スートラ」の粗筋であるが、大乗的な考えや表現が数多く認められる。大乗経典とみなしても、何ら問題ないほどである。このように、部派の経典の中に大乗的な内容が入っていると、大体は大乗からの影響だと一蹴され、それでことはすまされてしまうが、わたしはそうは採らない。相互に同じような思想を育んだとみたい。

ここには、阿弥陀仏の極楽世界に似たものも見受けられ、眼をひく。しかし、なんといっても特筆すべきは、仏塔に供養すれば「悟りを得る」「仏に成る」というところである。そして、仏塔の供養者たちは妻子を捨てて戒律を守り、森林内で禅定を修する人々で、出家者であることが分かる。しかし彼らは同時に、慈悲心を持ち、衆生利益のために勤める者で、決して世間から離れた者ではなかった。出家の身でありながら、世間に働きかける者であった。

さらに注目されるのは、正法の破壊時にその護持に努めること、迫害に耐えることへの言及である。仏教が衰微しつつある状況を暗示する。また、清掃と萎れた花の除去というのも見逃せない。

それらは低カーストの仕事だからである。こうした作業に携わる人たちは、一般社会において侮《ぶ》蔑《べつ》の対象とされた可能性があり、仏教がインドから消滅する遠因もこの辺にあったのかもしれない。一二世紀頃の作品で『カター・サリット・サーガラ』という物語集に、仏教は「卑賤な生まれの者たちの宗教」とみなされたことが語られている。

ところで、「アヴァローキタ・スートラ」は、実は「アヴァローカナ・スートラ」（漢訳では「観《かん》音経《のんぎょう》」「観察世間経《かんざつせけんぎょう》」とある）という名で大乗仏典の中に存在する。サンスクリット原典は断片的にしか知られていないが、チベット語訳本に完全なかたちで残っている。内容は両者ともほとんど同じで、大衆部と大乗がきわめて近い関係にあったことが分かる。違っているのは、ブッダから経を聴聞する者が前者ではヴィシュッダマティ（浄慧《じょうえ》）という「比丘」だったのに対して、後者では同名の「菩薩」になっていること、仏塔に跪《ひざまず》いて礼拝すること（仏塔への絶対帰依）、仏像と仏画の製作、仏塔への衣服の供養、仏塔の除草などへの言及が加わっていることである。

## 二、仏塔は教団の財政を潤す

ここでは、同じ大衆部の仏塔観を『摩訶僧祇律《まかそうぎりつ》（四一六〜四一八年訳）』という文献から探ってみよう。摩訶僧祇とはマハーサンギカの音写で大衆部を指し、その派が伝持した律典である。

これは前に触れたが、過去仏カーシュヤパの塔が大地から沸き上がったという話にちなんで説かれるものである。先述の法華経の大地から巨大な塔が出現したという話に似る。

そのカーシュヤパ仏塔は七宝より成り、基壇の四方に（あるいは基壇は四方形で）欄楯《らんじゅん》をめぐらし、覆鉢は二重にし、四方に突起（柱）、塔の上には盤蓋《ばんがい》・笠柱《りゅうちゅう》・輪相（幾重もの傘蓋《さんがい》）があった。

これをコーサラ国のプラセーナジット王が聞きつけ、自分も塔を建てたいと言って来た。ブッダは、次のように教示した。

まず、塔は僧院の南や西でなく、東や北の方角に造る。僧院と塔とは別々にする。墓場が近かったり、犬などが来て汚すならば、垣根（欄楯）・障壁を造る。塔は高く見晴らしの良いところ（高《こう》顕処《げんしょ》）に建てる。

塔の四面に龕《がん》（仏像の安置所）を造る。四方の柱の上にライオンやゾウを飾る。塔の周囲に彩画を施す。前に欄楯を造り、花の安置所とする。龕内に種々の色彩の旗やのぼりを懸《か》ける。塔の四方に園林を造り、種々の木を植え、咲いた花を塔に捧げる。花が多ければ、それを売って、その売上げ金で灯明・香を買ったり、塔の修理費にあてる。金が余れば、仏の「無尽《むじん》」のなかに置く。また、池を造り、花を植え、得られた花は塔の供養用にする。余れば花屋に売って、金は「無尽」のなかに置く。

さらに塔の四方に、制多《せいた》（チャイティヤ）を造る。そこに種々の彫刻や彩画を施す。中に舎利があれば塔（ストゥーパ）、舎利がなければ制多（チャイティヤ）という。制多はブッダの生誕・成道・初転法輪《しょてんぼうりん》・涅槃の各地、菩薩像窟・辟支仏《びゃくしぶつ》窟・仏足跡処のようなところに建てるが、仏像を安置し、華・香・傘蓋などの供物を置く台を設ける。

供養の祭りをしているときに、にわか雨が降った場合、供養の道具の片付けは上位の僧もなすべきで、「わたしは上座・大徳である」と言って他人に任せるべきでない。

僧院や塔院に盗賊が襲ってきたときは、王に保護を求める。王が軟弱な場合は、盗賊の首領に保護を願う。盗賊が仏教を信ぜず、願いを聞き入れてくれなければ、信者に隠してもらう。いろいろ手段を用いても駄目な場合は、「一切の行《ぎょう》（形成されたもの）は無常である」と言って捨て去るべきである（ここは、バーミヤーンの大仏破壊などの問題に関連しよう）。

以上が『摩訶僧祇律』のおおよその内容であるが。仏塔信仰の模様が、生き生きと描かれているのが見て取れよう。

各地の塔が網羅的に述べられていて、特定の地域の塔についてのものと言い難い。四方形の基壇、二重の覆鉢、傘蓋の積み重ね、四方の龕などは西北インドや中インド、窟院や塔院は西インドの僧院窟と塔院窟と関連する。菩薩像や仏像にも触れられている。時代的には、後四世紀のグプタ朝以降の諸塔に相当しよう。

注目されるのは、僧院と仏塔と区域を別にし、一緒にさせなかったことである。これはあとで述べる有部《うぶ》や法蔵部《ほうぞうぶ》の方針と大きく相違する。

仏塔の供養される場所として、四大聖地があげられている。記念日には僧・俗ともに参加し、歌舞音曲をともなう盛大な祭りが行なわれた。雨が降って来たときは、高僧も片付けに駆り出され、仏塔供養の賑わいを見ることができる。

無尽とは一種の金銭増益法で、西インドの石窟寺院で行なわれていたことが碑文に記されている。教団の財政を潤わせていた。盗難を危惧《きぐ》するほど豊かであった。

## 三、塔の頂は大いなる慈悲の表徴

さらに、大衆部と仏塔との関わりを、ここでは『塔相頌解《とうそうじゅげ》』（仏塔の姿かたちについて説く頌偈《じゅげ》とその解説）という文献から探ってみよう。これは八世紀頃の人で、バドラヴユーハという名の阿闍梨《あじゃり》によって編纂された。この人は大衆部の説出世部に所属し、これまで見てきた『マハーヴァストゥ』や『摩訶僧祇律』と系統を同じくする。

この作品の大きな特徴は、塔の姿かたち、構造が非常に複雑で、各部分に仏教用語があてはめられ、説明されることである。

塔の下から上へと、次のような順序で、二四種の部分に分けられ対応させられる。

〈一〉大地——布施
〈二〉周囲——戒
〈三〉中庭——四聖種《ししょうしゅ》（乞食《こつじき》して得た衣・食・臥具に満足し煩悩を断じること）
〈四〉階段——四聖諦《ししょうたい》（四種の聖なる真理）
〈五〉柱——四無所畏《しむしょい》（四種の畏れなきこと）
〈六〉第一基壇——四念住（悟りを得るための四種の修行法）
〈七〉第二基壇——四正断《ししょうだん》（悟りを得るための四種の努力事項）
〈八〉第三基壇——四神足《しじんそく》（悟りを得るための四種の神通力）
〈九〉第四基壇——五根（五種の感覚器官）
〈一〇〉くび——五力《ごりき》（五種の感覚器官のはたらき）
〈一一〉四方の花置台——四法門（四種の教え・四法印）
〈一二〉かご（覆鉢《ふくばち》）——漏《ろ》（煩悩）の無い第一禅で生まれる軽安《きょうあん》（心身の軽やかさ）
〈一三〉蛇腹《じゃばら》の周囲（ひだのある装飾部）——第二禅・第三禅で生まれる喜《き》（喜び）
〈一四〉ハルミカー（平頭《びょうず》）——再生することのない第四禅で生まれる捨《しゃ》（平等）
〈一五〉四方の世界守護者（四天王）——念（記憶）・択法《ちゃくほう》（正しき判別）・精進・定《じょう》（心の安定）
［以上〈一一〉より〈一五〉まで「七覚支《かくし》（悟りへと導く七要素）」を示す］

〈一六〉傘柱《さんちゅう》――八聖道《はっしょうどう》（八正道）
〈一七〉十三重の傘蓋《さんがい》（相輪《そうりん》）――十力（仏の十種の智力）と三不共念住《ふぐうねんじゅう》（他者と共にしない三種の修行法）
〈一八〉塔頂――清浄《しょうじょう》な大悲（大いなる慈悲）
〈一九〉白傘――無垢なる涅槃の世界
〈二〇〉月と太陽（露盤と宝珠）――世俗諦《せぞくたい》と勝義諦《しょうぎたい》
〈二一〉二つの鈴――有情の境界（生きとし生けるものの活動領域）を自らのものにする、という聖宝である二偈
〈二二〉傘――一切種智性《いっさいしゅちしょう》の智（一切を知る完全無欠で絶対普遍なる智慧《ちえ》）
〈二三〉のぼり（幢）――貪欲《とんよく》を離れた心解脱《しんげだつ》
〈二四〉はた（幡）――世尊というような名声

以上が、阿闍梨バドラヴユーハによる、聖なる説出世部の雑多な塔の形相についての解説である。ここには、著者独自の組合せや造語が見られ、理解しにくいものもある。たとえば〈一七〉の組合せ、〈二一〉の二偈などである。また、対応関係の明瞭でないものが少なくない。配列は下から上へ、世俗的段階から出家して悟りの獲得へと、種々修行し自ら高めていく行程を示している。

使われている用語は、ほとんど部派仏教のものである。〈一一〉によって中断されているが、〈九〉から〈一六〉までの、五根・五力・七覚支・八聖道というのは常套的用法で、それが踏襲されている。

しかし、〈二〇〉の世俗諦と勝義諦というのは大乗的用語で、注目に価する。〈二一〉も世俗の世界をわがものとして生きる、ということで、大乗的雰囲気を感じさせる。

すべてが可能といえないが、塔の各部と対応させてみると次のようになろう。

四種というのは、基壇およびテラスが四方形であることを物語る。「くび」というのは、覆鉢のくびれた部分に当たる。覆鉢が「かご」のかたちをし、その上に平頭、傘柱に十三重の相輪《そうりん》、頂上に露盤《ろばん》と宝珠《ほうじゅ》が付けられている。八世紀以降の密教系、チベット型の塔に対応する［図75］。それぞれの構成部分には一定の寸法が定められ、規則にのっとって製作された。

見仏三昧《けんぶつざんまい》もしくは観仏三昧《かんぶつざんまい》という行法において、仏像が用いられた場合、仏の三十二種の身体的特徴が下から上へと凝視《ぎょうし》され、拝仰《はいごう》された。

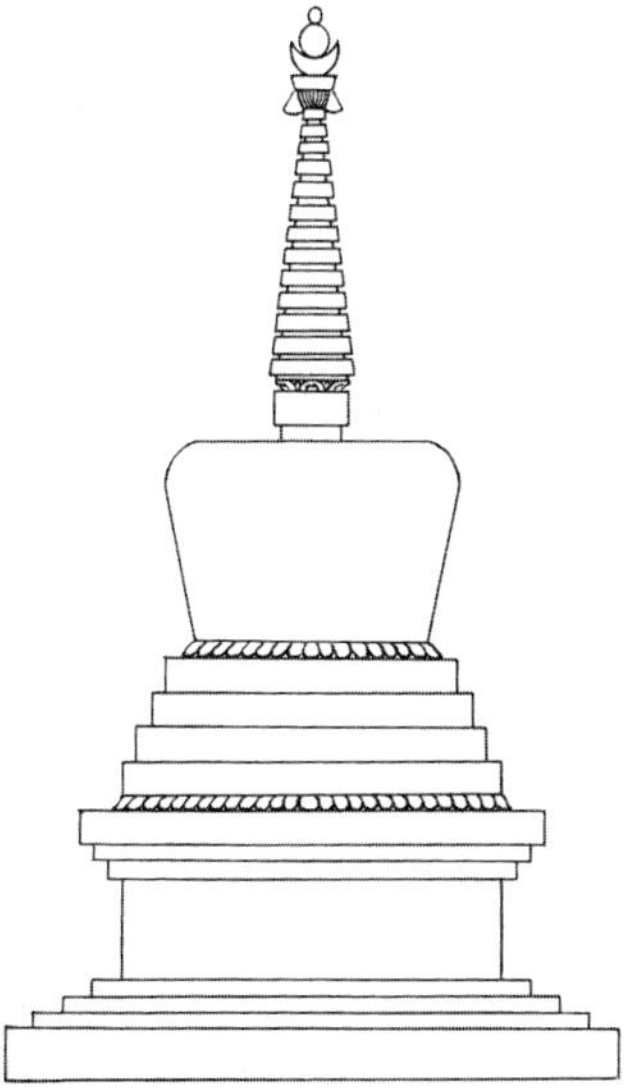

図75　チベット型の塔の断面図

足の裏が大地にしっかりと安定している特徴すなわち足元の「足安平相《そくあんびょうそう》」から順次に上へ、そして最後の頭頂の、髪のもとどりのように肉が盛り上がっている特徴の「肉髻相《にっけいそう》」まで、凝視するというものである。これは一種の瞑想（禅定）で、同時に仏を念ずること（念仏）を意味していた。禅と念仏とは同一の行であった。

これが仏像でなくて、仏塔においても行なわれた。基壇を支える大地から塔頂にひらめく旗に至るまで、二十四の姿かたちを順次に凝視し観想することによって、仏教教理の修得《しゅうとく》、そして究極的には悟りを獲得し、仏と一体化するという修行法に用いられたことを示す。仏塔は仏像と同じ機能をもって展開をみたが、意義づけの点では相違していた。

このように仏塔を仏教教理と対応させて説く経典は、その後いくつも作成され、スリランカにおいても独自の展開をみた。仏像が出現しても仏塔は消滅することなく、仏像に無い独自の意義をもって大いなる発展をとげた。

## 四、塔を飾るのに男女の和合像は除くべき

これまで大衆部の仏塔信仰の模様を見てきたが、ここでは大衆部や大乗と対立していたといわれる、説一切有部《せついっさいうぶ》（略して有部）の場合はどうであったかを眺めてみよう。

この部派所伝の律典として『十誦律《じゅうじゅりつ》（四〇四年訳）』がある。ブッダの髪塔《はっとう》と爪塔《そうとう》に関連して非

常に詳細な塔の建立法・供養法が説かれている。めぼしいところを拾い上げてみよう。

まず塔を飾るのに、「男女の和合像《わごうぞう》を除いて」（男女の和合像以外のものならどんなものでも）描いてよい、といわれる。男女の和合像とはミトゥナといい、仲睦まじいカップル像を指す。ところが、それは仏塔のまわりに充ちあふれている。西インドの石窟寺院は有部との関連は不明であるが、碑文には、驚くなかれ、出家の比丘がミトゥナを寺院内に描くよう寄進している例がある。有部の活躍した地として有名なマトゥラーからは、きわどい男女の性愛図さえ得られる［図76］。ヒンドゥーのカジュラーホ寺院やコナーラク寺院などの彫像の先駆をなす。

次に、石窟の中に塔を造ることが勧められている。石窟の前に門を施し、塔に柱をつけ、それにも「男女の和合像を除いて」種々彩画してよい、とある。これは西インドの石窟寺院に対応する。しかし、アジャンター窟院には、数多くその実例を見る。彫刻も数え切れない［図77］。窟院ではないが、ブッダガヤーやナーガールジュナコンダなどの欄楯柱には豊富に認められ［図78］、枚挙にいとまない。前に見た『摩訶僧祇律』では、仏塔ではなく精舎（僧院）の方に「男女の和合像を除いて」彫刻や彩画を施してもよいとあり、同じ方針が採られたことが分かる。だが、

図76　男女の性愛図（マトゥラー）

図77　アジャンター窟院内のミトゥナたち

図78ミトゥナ図（上図ブッダガヤー・下図ナーガールジュナコンダ）

あまりに流行し、問題になり禁止されたといえる。でも、守られた形跡はない。

仏塔は田圃や畑地に造るとあり、大衆部が見晴らしの良い台地に建てるべきだというのと相違を示す。有部教団は山岳でなく平原地帯に勢力をもっていたことをうかがわせる。この点は、西北インドや西インドより中インドの事情に対応する。

さらに、龕塔《がんとう》や柱塔《ちゅうとう》など、特殊な塔への言及が見られる。前者は西北インドや中インドで見られる仏像や菩薩像を納めた龕をもつ塔のことで、後者はアーヤカという柱を塔身にもつ南インドの塔を想定させる。この律も各地の塔を総合的に記しているようで、特定の地域の作例に限定させることは不可能である。

塔には色を塗り、装飾を施し、あらゆる種類の供物を捧げ、灯明を点し、歌舞音曲を以て崇拝すべきだ、と説く。

最後に、眼をひくのは、仏塔に関する規定の箇所に、きわめて唐突なかたちで仏像についての記述が挿入されていることである。

「仏像は造ってはならない」とある。ところが「菩薩像や菩薩の侍像《じぞう》ならば許す」という。前にも触れたように、有部の根拠地であったマトゥラーで発見された仏像は、最初はみな「菩薩像」と銘打たれ、「ブッダの像（仏像）」が現われるのは、二十年ないし四十年以上もたってからのことである。このことは右の条文と関係していよう。「菩薩の侍像」とは、梵天（ブラフマー神）や帝釈天（インドラ神）などの像を指している。

このように、保守的とされた有部の人たちは、仏塔はもちろん、菩薩像の製造と崇拝に積極的に関わった。

## 五、僧たちが仏塔建造のために労作業

前項に続いて、もう少し『十誦律《じゅうじゅりつ》』から有部教団と仏塔との関係を探ってみよう。

第一に指摘されるのは、驚くなかれ、僧たちが仏塔建立に直接携《たずさ》わっていたことである。アーラヴィーという国で、僧たちは仏塔を造るのに土を背負い、泥・瓦・草などを持ち運び、種々の泥を塗ったりして働いた。そのとき「半月浴過戒《はんげつよっかかい》」という戒律が定められていた。半月に一度だけ沐浴すべきで、半月を過ぎなければ沐浴してはならない、というのである。汗をかいた僧たちはかゆみに悩まされ、疲れがたまって仕様なかった。そこでブッダに許しを乞うたところ、例外として労働後の沐浴が許可された。

ここで特筆すべき点は、他の部派の律典には、このような僧たちの仏塔の造営作業についての言及はないことである。この有部のみがこのような規定を入れているのである。

第二に、土を掘ってはならないという「掘地戒《ほっちかい》」では、「師匠」という位にある僧は、地面に塔や僧院の設計図を書いたり、土でそれらの模型を造っても違反にならないとある。仏塔建立に際し、特定の僧たちは設計士の役割を担った。

第三に、仏塔および仏舎利に対する特別扱いが認められる。安居《あんご》中は結界（修行道場）を出ることは許されなかった。ところが、塔建立の場合は除かれた。カーシー国の王子が出家し僧になった。父王が塔を建てるというので、出家した王子が呼び出された。安居中であったが、外出が許可された。在家者の王が塔を造営するのに、僧の指導が必要であったことが分かる。

また、尼僧に関する戒律の中に、自らのために金銭を乞うてはならないという「乞金銀戒《こつこんごんかい》」がある。ところが、仏塔や教団のために乞うのなら違反にならない、という。碑文において、尼僧たちの塔への寄進が多いのと関連あるかも知れない。

驚かされるのは、仏舎利を盗んでも罪にならない、という記事である。「盗戒」の補足のところに次のようにある。律に詳しい比丘ウパーリが、僧たちから「仏舎利を盗めば何の罪になりますか」と問われ、「罪にはなるが、尊敬心をもって、わが師であると思って、清浄心《しょうじょうしん》の取得であるならば無罪である」と答えている。仏舎利信仰の深さを示す。

僧院や仏塔に属する者として「使人《しにん》」というのがいた。同じく僧院・仏塔に属するものとして、ゾウ・ウマ・ラクダ・ウシ・ヒツジ・ロバなどがいた。これらは家畜として、教団維持のために飼われたのであろう。使人とは寺院内の雑役、家畜の世話などをした者で、僧がこうした使人や家畜を盗めば（私的に使えば）罪を犯すことになった。

第四に注目されるのは、数多くの阿羅漢塔《あらかんとう》についての記述である。阿羅漢とは教団の高僧たちのことである。

ある阿羅漢が涅槃に入った（亡くなった）。僧たちは身体に八万匹（原文に八万戸《こ》とある）の虫がいると教えられていたので、火葬にすれば虫を殺すことになると思い、どうすればよいか迷った。すると、人が死ねば虫も死ぬと教えられ、その身は焼かれ、塔を建てて供養することが許された。

仏塔と阿羅漢塔（声聞塔《しょうもん》）は実に数えられないほど列挙される。両者は同等の扱いを受けていて、阿羅漢たちが尊敬されたことを示す。西インドのバージャーには、有部との関連は定かでないが、一六基もの長老・大徳、すなわち阿羅漢の塔を祀る石窟が存在する。同じくカネーリーにも、二七基ほどの阿羅漢塔が得られる。

最後に、見逃せない点として、有部の僧院内には仏塔が存在していたことである。

バッディヤという名の在家信者が壮大な僧院を寄進した。多くの信者が僧院にやって来て、「これは仏塔かしら、これは阿羅漢塔かしら」と言いながら巡拝しまわった。非常な騒音で、僧たちの坐禅や読経の邪魔をした。長老や上座の僧たちは、その壮大な僧院を捨てて小房へと移り住んだ。

在家信者の方が威勢よく、厳格な僧たちの方が肩身の狭い思いをしているような光景である。

こうした仏塔を中にもつ僧院は「塔寺」と呼ばれた。布薩《ふさつ》のときには、僧たちが掃除をした。布薩とは僧たちが自らの行為を省《かえり》み、罪過を懺悔《さんげ》する集会であるが、在家信者たちも戒を守って参加し、僧から説法を聞いた。有部教団では塔崇拝は何の制限もなく公然と行なわれ、僧・俗ともに信仰の喜びを分かちあったことがうかがえる。

## 六、仏塔破壊は仏身を傷つける大罪

仏教のスコラ哲学と称され、仏典のなかで最も煩瑣《はんさ》な理論を展開していることで有名な『倶舎《くしゃ》論《ろん》』は、有部の代表的な論書である。これには仏塔のことが詳しく説かれていないので、有部は仏塔をあまり重視しなかった、と主張された。はたしてそうなのか、確かめてみよう。

仏塔について見る前に、菩薩のあり方をめぐって、大乗とほとんど同じ説かれ方がなされていることを指摘したい。有部と大乗とはきわめて親しい関係にあったことが分かる。

菩薩たちは、長期にわたって多くの福徳を積み重ね、六波羅蜜行および多くの難行《なんぎょう》をなし、この上ない悟りを得、利他行《りたぎょう》を喜び、他人の苦しみを自らの苦しみとする。ブッダは菩薩のときに誓願を起こし「暗黒の世間において、わたしは仏となって、寄る辺無き人々の導師となりたい」と誓ったという。

さらに、菩薩は天界および人間界に、男性として生まれ（ここに女性蔑視が垣間《かいま》見られる）、不退転者となり、衆生利益のためにあらゆる苦しみや反逆に対して挫《くじ》けることなく、「賃金を支払われずに使用される奴隷」になる。大志を有し、無条件の慈悲を他者に注ぎ、自らを他に所属させる。自らを「チャンダーラ（賎民）の子」のごとき者とし、自ら安立《あんりゅう》し、すべてに耐える者となり、疲労しきっている者を背負う者になる、という。

菩薩が奴隷になり他に奉仕するというのは、法華経やシャーンティデーヴァ（寂天）が著した『悟りへの道』にも、菩薩の生き方として挙げられている（チャンダーラの子に関しては、日蓮上人が自らを旃陀羅《せんだら》の子で菩薩と呼んだことを想起させる）。

さて、仏塔について第一に注目されるのは、仏塔がブッダ（如来）そのもの、ブッダの身体そのものとみなされたことである。塔に所属したものを盗めば、ブッダに対して盗戒を犯したことになる、という。仏教では五無間業《むけんごう》（五逆罪《ごぎゃくざい》）といって、五種の大罪をあげる。すなわち殺母（母を殺すこと）・殺父（父を殺すこと）・殺阿羅漢（阿羅漢を殺すこと）・出仏身血《しゅつぶっしんけつ》・破僧（教団を破壊すること）である。仏塔の破壊は四番目の出仏身血、すなわちブッダの身体を傷つけ出血させるという大罪と同じだと説く。仏塔を仏の身体そのものとみなし、仏塔重視の極致が示されている。

第二に、仏塔への布施（寄進）についての分析がなされる。それは自らの利益のため（自利）と、自分のためでも他人のためでもない行為（非自利・非利他）の二種とされる。前者はまだ貪欲《とんよく》を離れていない僧、後者は貪欲を離れた僧によってなされ、ブッダへの尊敬と報恩のためにする行為で、現世において大いなる享受を受ける。僧による仏塔への無償の寄進行為を称《たた》えている。

第三に、仏塔への布施（寄進）には福徳があると主張される。しかし、仏塔への布施で得られる福徳は享受するものでなく、捨て去るものだという。そうすると、先に説かれた大いなる享受も捨て去るべきものとなろう。矛盾した説き方で、仏塔への寄進の意義が説かれている。これも無償の行為としての寄進を称えている。

第四に、バクティ信仰との関連が挙げられる。過去に亡くなった師たちに対して、バクティから生起《しょうき》した布施（寄進）を行なうならば、多くの福徳が生じる、という。バクティとは誠信《せいしん》とか信《しん》愛《あい》と訳され、ヒンドゥー教で重要視される信仰のあり方をいう。神からの恩寵を期待することなく、ただひたすら無償の行為として神への信仰を捧げることを意味する。ここでは仏塔に対して布施・寄進することが、バクティとされる。それによって自ら何ら享受することなく、また他人を利益することがなくても、善根などの力が生まれるから仏塔への布施は福徳になるのだ、という。この場合、バクティとはブッダを心の中で思念すること（意業《いごう》、念仏）であるが、それだけでなく、ブッダに布施すること（身業《しんごう》、仏塔建立や寄進）と、尊敬をはらうこと（口業《くごう》、ブッダへの讃歌を唱えること）を含み、この方がより多くの福徳を生むと説かれる。

第五は特に注目すべきである。仏塔崇拝がブラフマー神（梵天）の信仰と関連していること、さらに仏像崇拝と結びついていることである。

まだ建立されていない大地に、仏舎利を供養するために塔を建てる人は「梵福《ぼんぷく》（最高の福徳）」を得る、という。これは長期にわたって天界において歓喜のなかで暮らせる、というものである。また、ブッダが「偉大なブラフマー神（大梵）」「真実の大ブラフマー（真実大梵）」という名で呼ばれ、ブッダのために塔を建立すれば、その規模の大小にかかわりなく、無量の利益を無量の衆生にもたらす、と主張される。

ブッダはブラフマー神（梵天）を超越し、ブッダこそ真実のブラフマー神とされる。ジャータカ物語の中に、ブッダが過去世に大梵天となって、チャンダーラ（賎民）村において、バクティ信仰でもって崇拝されたことが語られている例がある。前に見てきたことと照合できる。

ブッダがブラフマー神と同一視されたことは、マトゥラーから発見された仏像によって確かめられる。そこではブッダはブラフマー神の異名である「ピターマハ（父祖）」という名で呼ばれている。出家の比丘と在家の信者によって、三〜四世紀頃盛んに造立され奉安された。断片ながら立像の台座、二作例を見ることができる［図79］。

図79　ピターマハと呼ばれた仏の像の断片（マトゥラー）

以上見たように、『倶舎論《くしゃろん》』は仏塔に関する記事を多く載せ、決して少ないなどとはいえない。仏塔を仏身そのものとみなし、きわめて重視していたことが、明らかにされるのみである。

## 七、僧たちの仏塔死守

ここでは『ディヴィヤ・アヴァダーナ』から探ってみよう。これは根本有部《こんぽんうぶ》（有部と同じで後世の名称）に属する説話集で、後十世紀頃西北インドにおいて編纂された。

まず、在家の女性信者たちがブッダの髪爪塔《はっそうとう》を建てた話が見える。その塔は「家に住む女たちの塔」と呼ばれた。ところがそのとき、林の女神がヴァクラという名の木を塔の心柱として差し込んだ。そこで、その塔は「ヴァクラ樹の心柱《しんばしら》」という名で呼ばれるようになった。

この記事は塔が柱信仰と関連することを示唆し、前に示した仏塔の心柱起源説を支える。

髪爪塔に対して、ある僧は夕方になると全身を前にひれ伏し、ブッダの姿かたちを念想しながら心を清浄《しょうじょう》にしたという。仏塔が観想《かんそう》の対象とされたことを物語る。

次に、昔王が造った小塔を、ある資産家が大塔へと増拡《ぞうかく》した話が注目される。仏塔を造る次第が詳細に述べられたあとに、次のようにある。

大塔の四方にさらに塔が造られ、その周囲に蓮池が造られ、種々の蓮が植えられた。華は塔に供養された。塔には召使い（塔の奴隷）が置かれた。塔を造り終わったのち、資産家は塔を凝視しつつ、塔の足元に身をひれ伏し誓願を発したという。

先に僧の場合と同様、塔はそのままブッダとみなされ、仏への絶対帰依が表明されている。塔に召使いが置かれたというのは、有部の律本『十誦律《じゅうじゅりつ》』に、塔や僧院に「使人」という者が属していた、というのに対応しよう。

三番目にあげられるのは、有名な月光王《がっこうおう》の頭施《ずせ》物語である。「月光王菩薩の舎利塔」と題して前に紹介したが、そもそもこの話は矛盾だらけである。月光王はブッダの前世の身であり、現世ではブッダに成るはずの者である。それが死んでしまい、彼の舎利が塔に祀られた。筋の通らぬ話である。また、頭を要求して来たバラモンに、いさぎよく自らの頭を与えたという。これまた異常である。当時の仏教徒の置かれていた歴史的状況を反映していよう。ジャータカ物語は架空の話だと一般に軽視されるが、そうとは限らない。

第四に、プシュヤミトラ王（前一八〇年頃、シュンガ朝創始者）の破仏《はぶつ》に関する伝説は見逃せない。王は僧たちに自分は仏教を破壊するつもりだと宣言し、塔と僧団のいずれを守りたいかと問うた。すると僧たちは、塔の方を選んだ。そこで王は僧院を破壊し、僧を殺し始めた。そして、僧の頭を突き出した者に賞金を与える、というおふれを出した。ところが、神通力を使う阿羅漢がいて僧の頭を化作《けさ》し、それを差し出した。事実を知った王は怒り、その阿羅漢を殺そうとした。しかし、阿羅漢は滅尽定《めつじんじょう》（最高の禅定の位）に入っていたので、危害を加えられることはなかった。

この話には、僧たちの仏塔を死守しようとする立場が貫かれている。

## 八、仏塔を中にもつ僧院

法蔵部《ほうぞうぶ》と仏塔の関係について、前に西インドの石窟寺院の塔院窟と関連させて話したが、ここでは別の観点から探ってみよう。

法蔵部は、中インドと西北インドが活躍の地であった。中インドのマトゥラーからは、法蔵部の教師たちのために造立された菩薩像が数多く出土し、法蔵部がその誕生に大きく関与していた。また、西北インドでは、山奥の森林の中に僧院をもっていた。大乗の出家の比丘たちが街の雑踏を避け、山間の森林内に住んでいたというのと対応する。法蔵部は多くの点で大乗と共通している。「僧は塔の中に住むべからず」という戒律の条文は、法蔵部のみが伝えるものである。また「比丘たちの住んでいる僧院の中に、塔を建ててはならない」というのも、他の部派の律典に見えない。ところが、この条文の後に「古くなり破壊され、比丘たちの住んでいない僧院ならば塔を建ててもよい」「すでに塔が建てられてあったところに僧院を造るならば、罪にならない」という二項が付加されている。法蔵部では、古くから僧院と仏塔の結合が行なわれていたことを示唆する。「僧は塔の中に住むべからず」という規定は、住んでいたことが問題となり、制定されたものと解される。そこで、西北インドに、こうした「塔を持つ僧院」を捜し出し、確かめてみることにしたい。

第一に挙げられるのは、先にも触れたように、ダルマラージカー大塔の周囲に、僧たちの住んだ部屋（僧房《そうぼう》）がある例である［図80］。これは、すでに塔があったところに僧院が造られた実例で、右の「罪にならない」という条文に適合する。

第二に、ダルマラージカー大塔の南方、河を隔てて存在するカーデル・モーラーの「D2僧院」が挙げられる［図81］。中庭の中心に塔があり、東側にいくつかの付設の部屋、南・西・北の三側に僧たちの住んだ部屋が並んでいる。後二世紀前期に栄え、三世紀前期に滅亡している。塔と僧たちの住所との前後関係は不明である。もし同時代とすると、右の規定に違反する。もし塔が早ければ、許されることになる。

第三の例として、ピッパラ僧院がある［図82］。これは後二世紀のクシャーナ朝前期の僧院の廃墟の上に、四～五世紀になって新たに僧院が設けられたものである。古い僧院では、中庭に塔が存在していたのに対して、新しい僧院（二階建て）では塔を外へ移し、中庭は雨水を受けるための長方形の凹地になっている。最初僧たちは塔を中にもつ僧院に住んでいたが、のちにそれをやめたことを示す。先の戒律の条文に突き合わせてみるなら、以前は塔のある僧院に住んでいたが、のちに戒律にしたがい両者を離すようになった、と解釈できる。

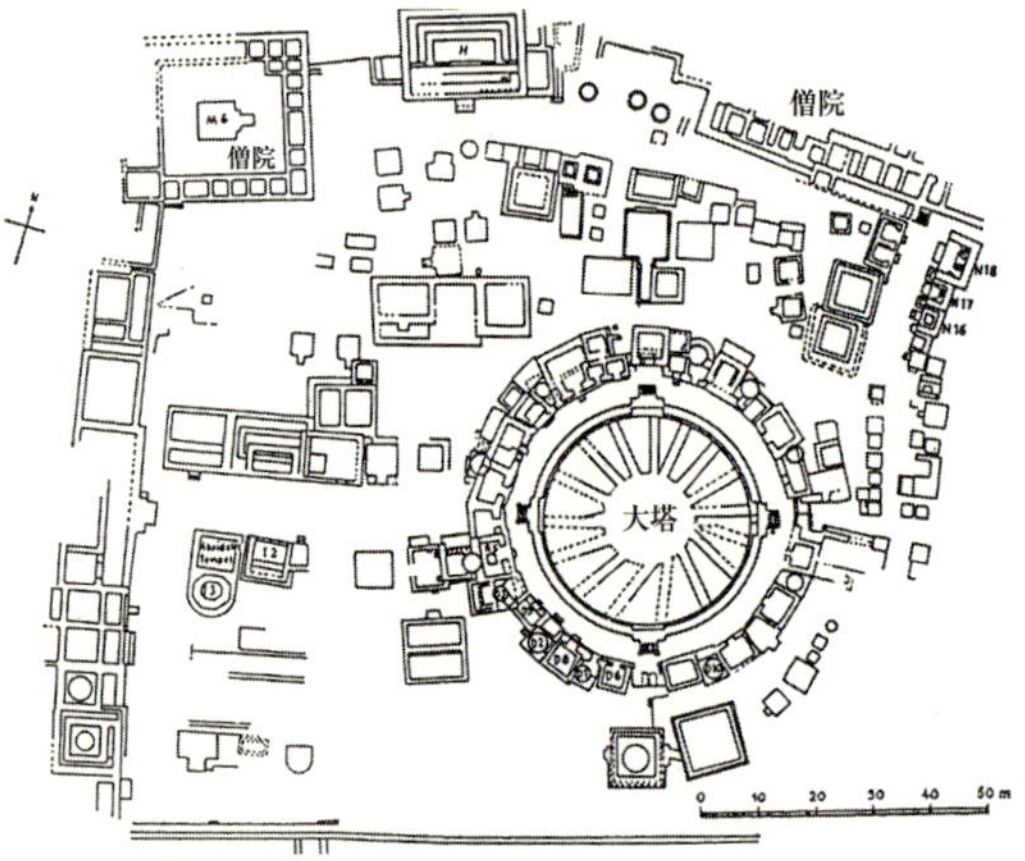

図80　ダルマラージカー大塔と周囲の僧房

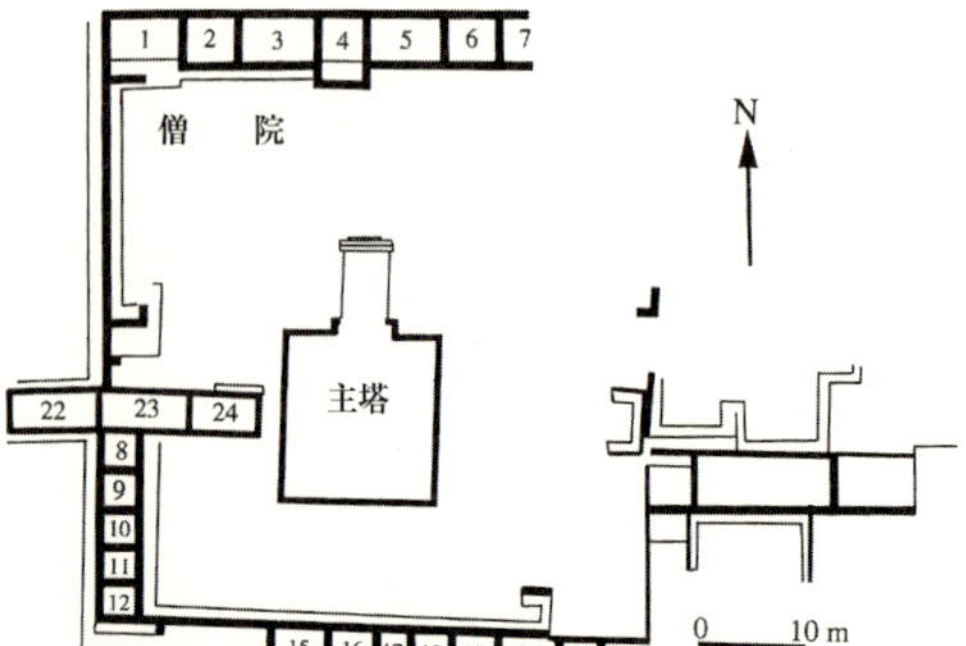

図81　カーデル・モーラーのD2僧院

以上の三例とも、何の部派に所属していたのか、碑文の記録がないので明らかでない。かつて碑文の明記がないものは大乗所属と取られ、初期大乗の人たち（菩薩教団）は塔つきの僧院、すなわち塔寺に住んだのだと主張された。しかし、碑文のないものはほかにも多数あるし、ないのは現在のところ未発見というにすぎない。また、塔寺は他の部派にも存在した。したがって、大乗の人たちが塔寺に住んだとはいえない。

だからといって、右の三例が法蔵部の塔寺だと断定することも早計かもしれない。でも、法蔵部の戒律の条文によく対応することは、誰しも否定できまい。大乗の塔寺と見るより、法蔵部所属の実例と取る方が妥当であろう。

インドでは、文献の記述と碑文および考古学的資料からの知見との間には、常に大きなギャップがある。しかし、これらの照合はインド歴史を構築する上で必須の作業である。

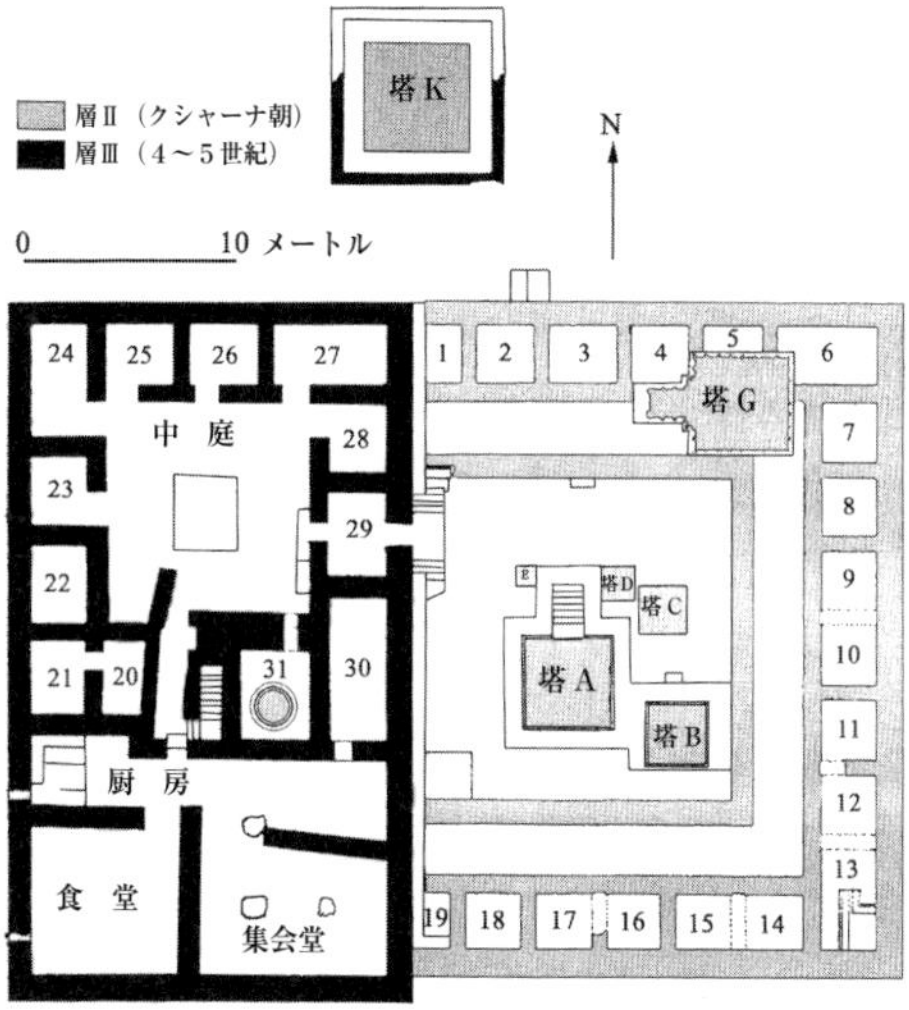


図82　ピッパラ僧院

## 九、仏塔を育んだ南方上座部

これまで大衆部《だいしゅぶ》・有部《うぶ》・法蔵部《ほうぞうぶ》と三部派の仏塔崇拝の模様を見てきたが、ここで部派のなかで正統派を自認し、部派の代表ともいえる上座部《じょうざぶ》の場合を取り上げてみよう。

初期教団は、最初に大衆部と上座部の二部派に分裂した。アショーカ王治世の前三世紀中頃にはすでに別れていた。上座部の方は中インド・西インドへと居を移し、それからバルカッチャ（現バルーチ）港からアラビア海側を南下し、スリランカへと伝播し発展した。上座部といえばこの南方上座部が主流をなす。

南方上座部が伝える『大般涅槃経《だいはつねはんぎょう》』（決して古い経典とはいえない）に、先にも触れたように、ブッダは比丘たちに、「汝らは如来の舎利供養などにかかずらうことはない、自らの目的に勤めよ。それらは在家の信者たちが知っていてやることだからだ」と説いたとある。

一般に、この訓戒通りに、出家者たちは舎利供養や仏塔崇拝などに携《たずさ》わることはなかった、と解釈される。しかし、わたしは別の見方が可能と考える。出家の僧たちが関わり過ぎて問題になったから、それは在家信者たちにまかせよ、と命じたのだ、と。

もしそれらが在家者たちの役目だったら、アーナンダはブッダに何も聞かなくてもよいことである。すべて彼らにまかせておけばよいことで、話はそれで終わりのはずである。

ところが、ブッダの教えに基づき、アーナンダの指揮のもとにすべては施行された。出家者アーナンダの関わりなしには、ことは運ばれなかったのである。また、比丘マハーカッサパがブッダの遺体に礼拝したら自然に発火したとあるが、彼が点火の役を勤めたと解される。出家の比丘たちの関与なしには、ブッダの葬儀や舎利供養は不可能だったのである。

各部派の戒本には、いままで見てきたように、塔建立や供養の方法についてこと細かに規定されていた。それは比丘たちが関与した証拠である。在家信者たちの仕事だったら、なにも戒律など必要ないはずである。ところが、南方上座部の律本にだけ載っていない。なぜなのか。問題が生じたとしても戒律を定めるまでに至らなかったから、と解される。しかし、だからといって、僧たちと塔との関係が他の部派より浅かったというわけではない。僧たちは大いに関わっていた。

スリランカの歴史書『大史（マハーヴァンサ）』に、次のような記述がある。

スリランカに前三世紀初めて仏舎利がもたらされたとき、王ティッサは、スリランカに最初に仏教を伝え広めた人、マヒンダ長老の指導にしたがって塔を築いた。最初に塔が建てられ、そのあとに僧院が建てられた。そこで、その僧院は「塔精舎（トゥーパ・アーラーマ）」という名で世に知られた、という。

これは、スリランカ歴史上最初の僧院が、「塔つきの僧院」すなわち塔寺型であったことを示し、特筆に価する。

また、ドゥッタ・ガーマニーという名の王も、インド本土より将来された仏舎利を奉安するために大塔を建立した。そのとき、煩悩を滅し尽くした青年僧（阿羅漢に相当する者）たちが、土石を運んだり、煉瓦や玻璃《はり》を敷いたりして塔建立のために精出した。前に見た有部の僧たちより熱心である。

また、インダグッタという名の大長老は事業の監督責任者となり、一切を取り仕切った。塔完成の際には、各地から数え切れないほどの僧たちが祝いに駆けつけてきた。ところが、シッダッタという名の長老が、その大塔に欠陥のあるのを見つけ、王に命じ改良を加えさせたという。

さらに見逃せないのは、南方上座部には『仏塔史（トゥーパ・ヴァンサ）』といって、他の部派にはない文献が存在することである。これは小篇ながら、文字通り仏塔についての歴史書、諸経典中の説かれた仏塔の記録を集大成したもので、上座部がいかに仏塔を重要視したかを如実に証するものである。

中インドには、前二〜一世紀頃の古塔の遺跡が多数存在する。代表的なのはバールフット塔やサーンチー大塔である。塔門や欄楯《らんじゅん》には数多くの浮き彫りが施《ほどこ》されているが、それらの図柄の多くは南方上座部の伝える経典の内容によく対応し、理解が可能である。また、これら古塔のまわりには、この部派の長老たちの舎利を納めた塔がいくつも発見されている。この部派が塔と深い関係を有していたことを証拠づける。

南インドには、後三～四世紀に「大寺派（大寺住部）」という部派が存在した。この部派はスリランカで成立した上座部の一派である。保守的な性格を有し、自ら正統派であると自負した。それがスリランカから南インドへと再上陸し、勢力をもつに至った。ところが驚くべきことに、彼らは塔を中庭にもつ僧院、すなわち「塔寺型」の僧院に住んだのである〔図83〕。このことも、上座部の僧たちが塔と親しかったことを物語る。ただ塔と僧院のサイズが小規模であったところから、彼らはそれほど塔を重視していなかったと解する人がいるが、尊崇する度合いにおいては規模の大小は問題でない。ただ、そこに住んだ僧たちの数が少なく、塔も小さかっただけのことである。

このように、上座部の比丘たちの仏塔への関心は決して浅いものではなかった。それはスリランカで編纂された経典や論書、それに歴史書を通じて広く認められ、塔の建立と崇拝は興隆こそすれ、衰退するようなことはなかった。

図83　大寺派の僧院平面図
（ナーガールジュナコンダ、サイト38）

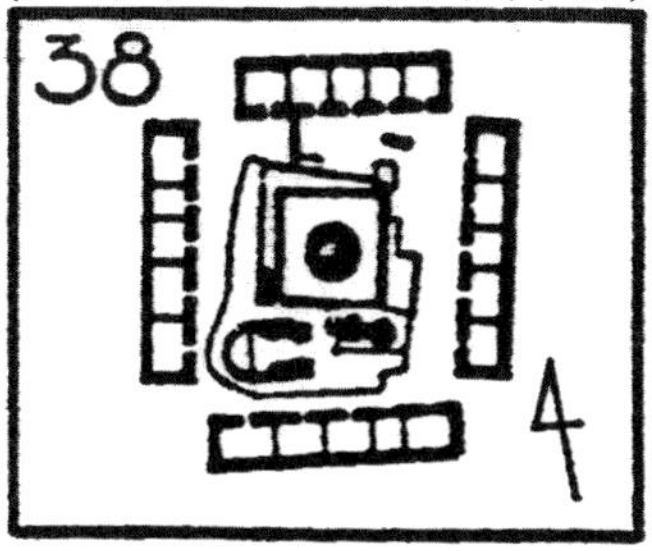

## 十、僧は在家信者より先に塔を崇拝すべし

仏教徒にとって、仏塔はまさしくブッダその人を表わし、信仰の中核をなすものであった。ところが、部派のいくつかには、仏塔供養への批判ないし否定的な見方が見られる。今まで、そうした例は大乗仏典において多少見られることを指摘したが、部派仏教のなかにも認められる。それは『異部宗輪論《いぶしゅうりんろん》』という、部派の教義の違いを説示する論書から知ることができる。

第一に、化地《けじ》部という部派があげられる。この部派は直接上座部から、あるいは上座部より派生した説一切有部から分派したといわれる。ブッダは僧団のなかに組み入れられ、ブッダの悟りと仏弟子の悟りは同等であり、僧団（教団）に供養する方がブッダへの供養よりも功徳がはるかに大きいと主張した。そして、仏塔に供養してもその果報（利益）は小さい、あるいは無い、と断言した。

仏・法・僧の三宝のなかで、仏（仏塔）よりも僧（教団）を重視する立場にたつ。

この部派が生まれた地域は西インドのアヴァンティ地方とされ、のちに西北インドと南インドに広まった。碑文によって、この部派への僧院の寄進や舎利奉安の実例が知られる。西北インドでは、紀元前三二年に王による僧院の建立と舎利の奉安、後五世紀の王による僧院の建立、南インドでは、後三世紀に王妃による僧院の建立がなされている。玄奘は、カーピシー（現アフガニスタン東北部）において、この部派所属の僧に会見したことを伝えている。長時に広く分布したものの、勢力はそ

れほどではなかったようだ。

碑文は舎利の奉安について触れているが、舎利は仏塔でなく僧院に安置されたように記され、この部派は仏塔（仏）より僧院（僧）を重視する立場を貫いたようである。

南インドの化地部所属の僧院は、ナーガールジュナコンダのサイト7・8〔図84〕に見ることができる。中央四方に六柱をもつマンダパ（集会堂）、各方に五部屋をもつ四方型の僧院で、他の部派の僧院でよく見受けられる、塔を祀る祠堂（チャイティヤ堂）や仏像を安置した堂などを持っていない。「ブッダ（仏塔）を供養しても功徳はない」という前述の主張に沿うものかも知れない。しかし、僧院の南方に、離れているが、二基の仏塔が建てられていた。仏塔を完全に無視していたわけではない。僧たちも崇拝しに行ったと十分考えられる。

ところが、この部派が伝持したといわれる律本『五分律《ごぶんりつ》』（四二二〜四二三年訳）からは、右の伝承と異なった僧たちの仏塔への接し方が知られ、驚かされる。

僧院に師を訪ねる僧はまず仏塔に礼拝し、それから長老に礼をし、宿坊を求めるべきとある。僧より仏（仏塔）が重視されている。

また注目されるのは、僧たちが過去仏の迦葉仏《かしょうぶつ》のために塔を建

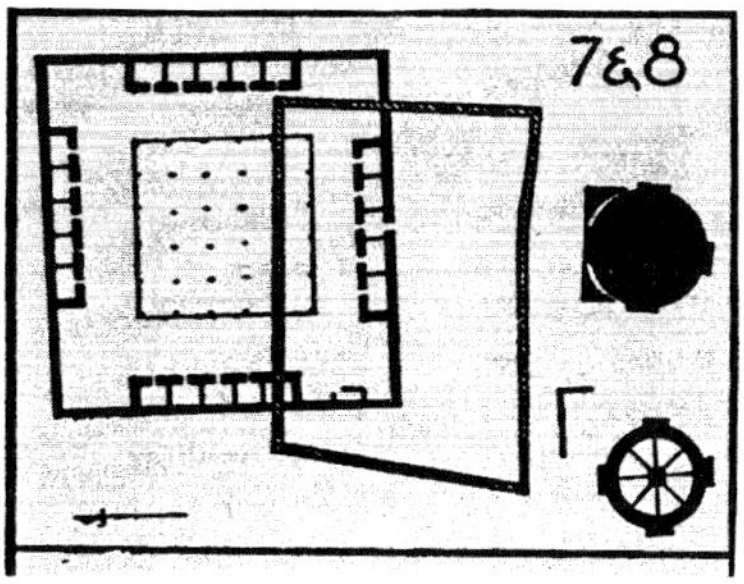

図84　化地部の僧院平面図
（ナーガールジュナコンダ、サイト7-8）

てることをブッダに願いでた話が見えることである。しかもそれは、先述したように、インドで最初に建てられた塔とされる。ついで僧たちは、阿羅漢・仏弟子（声聞《しょうもん》）・辟支仏《びゃくしぶつ》のための塔を建てたいと望んだところ、如来・聖弟子・辟支仏・転輪聖王《てんりんじょうおう》の四者にその資格のあること、露塔・屋塔・無壁塔などの建立、塔に龕《がん》・欄楯《らんじゅん》・承露盤を設けること、塔の前に銅・鉄・石・木などで柱を作り、柱の上に象やライオンなどの獣を載せること、塔の左右への植樹などが許されている。

さらに注目すべき点は、外道《げどう》の人（仏教徒でない人）たちが塔（神殿）に供養し、信仰の楽しみの心を起こしているように、在家の仏教徒も信仰心を起こすようにと、僧たちによる塔供養が勧められていることである。ヒンドゥーのバクティ（誠信）信仰が暗示されているようだが、「僧たちが塔供養をすれば在家信者がそれにならうだろう」というのである。これは特筆すべきことである。塔供養は在家者より出家の僧たちの方が先んぜよ、というのである。

塔への歌舞供養は僧たちに禁じられたが、華・香・旗・傘の供養は許された。

塔の建立法、供養の仕方に関する記事は、たしかに量的には今まで見てきた他の部派の律典のそれより少ない。しかし、見逃せないのは、僧たちが率先して塔建立と供養をしていることである。在家信者に対しては塔供養の否定を説きながら、僧たち自身は塔供養に勤《いそ》しんでいたことになる。

## 十一、塔に供養しても功徳はない

南インドに勢力を有していた部派として、制多山部《せいたさんぶ》・西山部《せいざんぶ》・北山部《ほくさんぶ》・東山部《とうざんぶ》などがある。これらの部派は、仏塔（ストゥーパ・チャイティヤ）に供養しても大いなる果報（功徳）を得ることはない、と主張した。

しかしながら、述べてきたように、最初の制多山部の制多とはチャイティヤの音写語であり、制多山部は文字通り仏塔を敬った僧たちの教団名である。

南インドのアマラーヴァティーで発見された大塔について前に紹介したが、その大塔に、この部派に所属する大徳で、僧院や仏塔を造営する際に監督を務めた僧の弟子や信者たちが、寄進に関わったことが碑文から明らかにされる。仏塔崇拝を否定したはずの部派が、壮麗な仏塔の寄進を受けているのは矛盾もはなはだしい。

制多山部の僧院には、マハーデーヴァ（大天）という名の長老が住んでいたという。彼は阿羅漢の不完全さを説いて物議をかもし出した。阿羅漢でも精液を漏らし衣を汚すことがあるとか、悟りを得たあとも無知・疑惑が残るとか、他人から教えられて初めて悟りを得たことを知るとか、多少きわどいことまで主張した。これは、阿羅漢を完全無欠とみなしていた正統派にとっては聞き捨てならぬことであり、教団の分裂の起因となった。僧（教団）重視の立場と異なっている。

次に、この制多山部と同じ見解を持っていたのが、西山部である。西山部の根拠地は、ナーガールジュナコンダにあった。直径二七・七メートルの大塔である［図85］。焼き煉瓦で車輪状（車輪の

図85　ナーガールジュナコンダ大塔の遺構

図86　ナーガールジュナコンダ大塔の基壇プラン

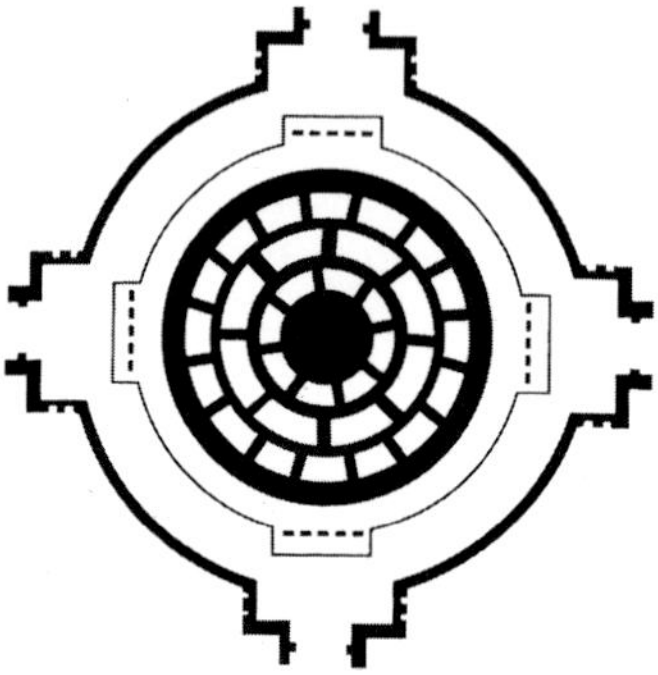


モザイク型）に積んで構築されていたのが、大きな特徴である［図86］。先のアマラーヴァティー大塔よりほぼ一世紀遅れてイクシュヴァーク朝下の建立で、車輪型以外は大体同じ構造である。

基壇のプランの車輪型については、ガンダーラのタキシラ大塔にも見られたが、南インドでは広く認められる。

あとで見るように、ジャイナ教の塔にも見られる。仏塔建立は転輪聖王の葬法にならうと文献にあり、法輪や太陽の輪（日輪）の象徴と解することができる。文献のみならず、碑文でもブッダのことを「太陽の末裔《まつえい》」「光を放つ方《かた》」と呼んでいて、それに対応する。しかし、当時南インドはローマとの交易が盛んであったから、ローマ皇帝の大規模な墳墓や廟《びょう》から影響を受けたものだ、という説もある。また、インドには古く聖火壇の基部を車輪のように煉瓦を敷くという規定があり、その影響もあるかもしれない。

このナーガールジュナコンダの大塔に記された碑文には、この塔が西山部の僧たちの所属であることが明記されている。西山部の僧たちは、長部経典・中部経典・五部よりなる律（五部律）に対する注釈（論蔵）などを受持・読誦していたといわれる。これらの経典は大乗仏典とは異なる。しかし、信者たちは大乗的であった。

残りの北山部や東山部は、制多山部や西山部から派生した部派である。現在未発見であるが、彼らもそれぞれ大塔を所有していたであろうことは疑いない。

いずれにせよ、仏塔供養に価値はない、と主張した部派に、壮大な塔が存在したことは大きな矛盾である。こうした実情をどう解釈すればよいのであろうか。「塔への寄進よりは僧への布施を！」という叫びを暗示しているかのようだ。だが、僧たちは自ら不完全であることを自覚していて、それを声高に訴えるわけにはいかなかった。また、彼らの基本的立場は「僧（教団）より仏（仏塔）の重視」にあった。ところが、それが過大化された。その結果、それに対する自戒と制御が働いた。このように解する方が穏当かもしれない。文献の記録は、考古学的実態より以後のことを伝えている。

## 十二、仏塔を育んだのは部派か大乗か

総じて各部派とも仏塔信仰に肯定的であるが、見たように否定的に説く例が見られた。しかし、割合としては一〇パーセントにも及ばないであろう。それに対して大乗の方は多く、二〇パーセン

トというところであろうか。ただ、ウエイトの置き方に違いがあった。それは、仏・法・僧の三宝において、どれを重視するかである。部派の方では「仏塔よりも僧団を（仏より僧を）」と主張した。しかし、これは一部で、大衆部・法蔵部・有部《うぶ》など勢力ある部派は、何よりも仏塔を重視した。それに対して、新しい経典の創作に急だった大乗の方は「仏塔よりも経典を（仏より法を）」と叫んだ。

しかし、大乗仏教の方では、さらに違った観点から仏塔への冷ややかな見方がなされた。それは、「仏塔よりも自分自身を」というのと、「塔や仏像は空で無相だ」という説き方である。

たとえば大乗の大般涅槃経《だいはつねはんぎょう》や『摩訶迦葉会《まかかしょうえ》』には、ブッダの身体は不滅で、仏像や仏塔のように壊れるものはブッダの身体といえず、外在の仏塔より各自に内在する「仏性《ぶっしょう》」、すなわち自分自身に礼拝せよ、と説かれる。これは、有名な「一切衆生悉有仏性《いっさいしゅじょうしつうぶっしょう》」という思想に裏打ちされている。この考えはまた、「如来蔵思想《にょらいぞう》」にもつながる。このような思想を標榜《ひょうぼう》した人たちは、「仏塔を崇拝すれば仏に成る」という考えに否定的であったろう。

ところが、このように説きながら、『摩訶迦葉会』ではあとで次のような話を持ち出し、仏塔への関心を示すのである。

僧たちは右の教えにしたがい、仏舎利や塔の供養をやめた。すると、すべての仏塔や舎利壷はみな地下に埋没してしまった。しかし、末世の五〇〇年後に、出家の菩薩や比丘で仏塔および仏舎利を供養する者が多く現われるだろうという。さらに、仏像を造る者が現われるだろう、と付け加えられる。

そこで、ブッダは弟子マハーカーシュヤパ（摩訶迦葉）に問う。「如来の塔を造り世界に遍満させたら、どれほどの福が得られるだろうか」と。マハーカーシュヤパは答える。「仏像を造る方が、福を得ること無量です」と。するとブッダはこれを否定し、内に仏身を観ること、四句を他人に説くことの方がはるかに福徳は大きいと説く。そしてそのあとに、仏画像の観想の話を語り、如来の像は知覚されないもの（非覚・非知）で、如来の相や身体はみな空だ、と結論づけるのである。

また、ブッダはマハーカーシュヤパに向かって言う。「五〇〇年後に意志薄弱で愚かな菩薩たちが現われ、観察《かんざつ》・静慮《じょうりょ》・教説・学習を捨て、如来の舎利供養に努めるだろう。しかし、汝らはそうあってはならない。自己制御と止観《しかん》の行（禅定《ぜんじょう》・三昧《さんまい》の行）に精進すべきである」と。

この忠告は、先に、ブッダが涅槃前アーナンダ（阿難《あなん》）に向かって、「汝らは如来の舎利供養にかかずらってはならない。自己の目的のために努め、専念せよ」と言ったのとそっくりである。相手がアーナンダからマハーカーシュヤパに代わり、説く内容が詳しくなっただけのことである。出家の僧たちに対し舎利供養への過度の関わりを諫《いさ》め、本来の修行に勤めるよう呵責《かしゃく》している。というより、ブッダのことばを通して、僧たちの自省・自戒を表明しているものといえる。

仏塔や仏像の否定論については、同じようなことがヒンドゥー教やジャイナ教の方でも説かれる。

たとえば『バーガヴァタ・プラーナ』というヒンドゥーの聖典に、神は自らの心の中、一切万物の中に存在するものであり、像で神を崇拝するのは神を無視し無駄なことだ、とある。ジャイナ教では、寺院にはいかなる神的なものはないとされ、像供養にたずさわる者は卑下される。派のなかには、完全に像否定を貫いているものもある。

しかしながら、こうした理論は、現実の信仰の世界にまで力を及ぼしたとは言い難い。仏塔にかかずらう僧たちを目にして、修学や坐禅にいそしみ、身を律するに厳しい一部の長老たちが眉をひそめる、といった程度のものであった。僧たちの多くは仏塔に向かってブッダを慕い、自分もブッダのようになりたいという願いのもとに信仰を捧げ、観想を行なった。「仏塔よりも経典を」「仏塔より自分自身を」「仏塔は空で無相だ」と叫ばれたからといって、経典が崇拝された結果、仏塔や仏像が減少するようなことはなかった。また、大乗仏典が仏塔および仏像の否定論で覆《おお》われることもなかった。

大乗の代表的論書『大智度論』には、次のようにある。
「信根《しんこん》の大きい者は舎利を供養し、慧根《えこん》の大きい者は経典を読誦《どくじゅ》するのを好む。いずれが功徳が大きいと決まっていない」と。「仏塔か経典か」「仏か法か」といった問題は比較すべきものではないし、対立させるべきものではないのである。

また、比丘ナーガセーナは、ギリシアの王メナンドロスに同じようなことを説いている。「舎利の宝」と「知恵の宝」とはともに三種（天界・人間界・涅槃界）の到達へと導き、この二宝の供養によって苦の三種の原因（貪り・怒り・無知）を消滅させることができるのです、と。

ところで、大乗仏教の主体は在家信者だといわれる。はたしてそうなのであろうか。古くは僧や尼僧たちが仏塔への寄進者として数多く名を連ねていた。ところが、時代が下がるにしたがって、在家者の寄進が多くなってくる。このことは、部派仏教では僧尼たちが仏塔崇拝に熱心だったが、大乗になると在家者たちが勢力を得るようになった、と解釈できそうだ。しかし、そうはならない。なぜなら、在家信者の寄進の多いところが、そのまま大乗仏教の仏塔のあるところ、とはいえないからである。たとえば、南インドのナーガールジュナコンダでは、出家者は影をひそめ、在家信者（多くは女性信者）の寄進が主体となる。それらの塔は見たように、大乗でなく部派仏教に属していた。部派仏教も在家信者たちに支えられていた。

仏塔は部派とか大乗（大乗も一つの部派といってよい）とかに関わりなく、広く仏教徒の間で仏・法・僧の三宝の「仏と法」を表わすものとして、信仰の中核の位置をしめながら展開したといえる。

# 第三章　仏塔の変容

## 一、ジャイナ教の塔

仏典の中に、まれに露形外道《ろぎょうげどう》やニガンタの塔について記されている。露形外道とは裸の行者、ニガンタとはジャイナ教の開祖ニガンタ・ナータプッタ（マハーヴィーラ）を指している。ジャイナ教は、仏教が中道を説き、苦行を否定したのに対して、極端な苦行の実践を勧めた。また不殺生を強調し、根菜類まで霊魂が宿るとして食べるのを控え、はては断食死さえ推奨する。さらに無所有《むしょう》（何も持たないこと）を貫き、衣服を着けない行者もいる。それが露形外道と呼ばれた所以《ゆえん》である。したがって、ジャイナ教のジナ像（聖者像）はすべて裸像である。

アショーカ王と同様、仏教を保護したカニシュカ王（後二世紀頃治世）は、ニガンタの塔を崇拝したと伝えられる。

王は東インドを征服したのち、本国に帰る途中、はるか彼方に一つの塔を見つけた。仏塔だと思って、従者をつれて出掛けた。塔に近づくや馬上より降り、正装して塔に礼拝し、ブッダを称《たた》える詩を唄った。すると、塔がにわかに崩壊した。王は非常に驚き、恐怖におののいた。

そのとき、一人の村人が王にその理由を教えた。「これは仏塔ではない。ニガンタの塔である。威徳力は薄く、中に舎利は入っていない。王から崇敬されたものの、それに堪えられず壊れたのだ」と。王は胸をなでおろし、前にも倍して仏法に信仰心を捧げるようになり、その喜びのあまり涙した。

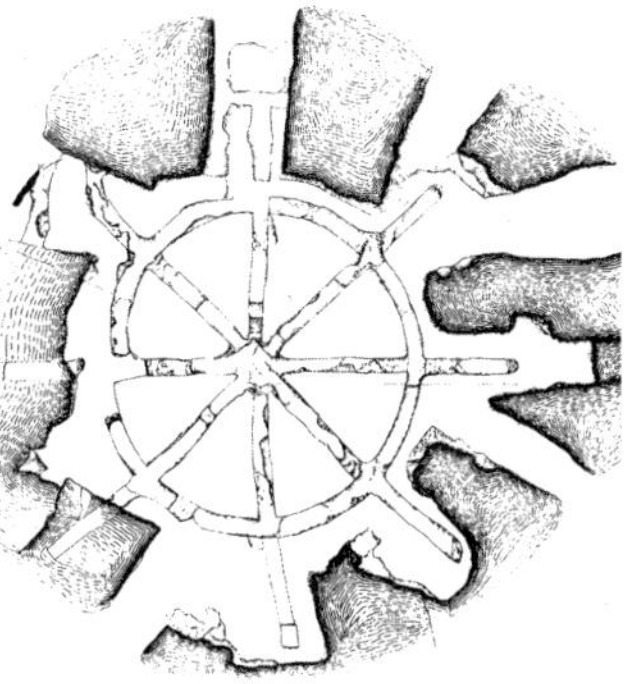
図87　ジャイナ教の塔基プラン（カンカーリー・ティーラー）

別の伝承によれば、村人でなく王の臣下の一人が説明したとあり、塔の下を掘ってみると、ニガンタの遺体が出てきた、という。

ジャイナ教の塔については、考古学的にもその存在が裏付けられる。マトゥラー市郊外南西に、カンカーリー・ティーラーというジャイナ教の遺跡がある。そこから発見された聖者の一立像（破損）の台座に碑文があり、「この像は紀元七八年（何の紀元か不明）に神々によって建てられたストゥーパに安置された」と記され、そのストゥーパの遺構とみなされるものが発見された。基壇プランだけ

図 88　ストゥーパ供養図（カンカーリー・ティーラー）

だが、車輪のようなかたちに煉瓦が敷かれ、仏塔の構造によく似ている［図87］。伝説によれば、この塔は初め黄金製で、種々の宝石で飾られ、ジャイナ教第七代の聖者スパルシャナータのために、女神クベーラーによって二人の行者の祈願のもとに建造されたという。

また、同所から、半人半鳥、半人半獣たちによるストゥーパ供養を描くリンテル（横梁）が発見され［図88］、これもジャイナ教のストゥーパ崇拝を示すものである。

さらに、一伎女の娘がジャイナ教の祀堂などを寄進したことを記す奉献《ほうけん》板《ばん》に、高い二重構造の基壇をもつ塔を描くものが出土している。塔の両脇で、裸に近くきわめて官能的な女が身をくねらせて踊っている［図89］。禁欲主義にたつジャイナ教の建造物に、似つかわしくない光景である。

図 89　ジャイナ教の塔を描く奉献板
（カンカーリー・ティーラー）

このように、ジャイナ教徒の間でも、塔の建立と崇拝が行なわれていたことがうかがわれる。しかし、詳細は不明で、今後の研究を待つほかない。

## 二、仏塔とリンガ

リンガとは「しるし」「シンボル」を意味し、男性の性器を指している。周知のように、現在ヒンドゥー教徒の間で最も信仰を受けているシヴァ神の象徴、あるいは彼のエネルギーそのものを表わす。

すでにインダス文明の遺跡から発見され、当時すでにリンガ崇拝が存在していたと推定されている。インダス文明は、およそ紀元前一七〇〇年頃に消滅した。それ以後リンガは姿を消す。アーリヤ民族およびバラモンが、インド文化の担い手として君臨していた間は、神々を彫像に表わすことはなかった。また、リンガ崇拝は否定された。それが復活するのは後二世紀以降のクシャーナ時代で、ヤムナー河岸のマトゥラーにおいてである。三例示してみよう。

まず一つは、リンテル上の彫刻に見られるもので、中央にリボンで巻かれたリンガが立つ。後ろに樹があり、欄楯に囲まれている。両脇から半人半獣の異形のものが花輪を捧げている。上半身は人間、下半身はライオンで、大きな翼を有し西アジアの神話的動物グリフィンに似る［図90］。ところがこれは、先に示したジャイナ教の塔門のリンテルに刻まれた塔崇拝図［図88］に類似してい

図 90　半人半獣のリンガ崇拝図（マトゥラー）

図 91　飛天による仏塔供養図（マトゥラー）

て、驚かされる。すなわち半人半鳥、半人半馬のものが供物を捧げている。また、有翼の飛天が両脇から仏塔に花輪を捧げる例［図91］にも似る。

二つ目は、立派な基壇の上に立つリンガの崇拝図である。上で飛天、右側で二人の男性が花輪を捧げている。彼らの服装は中央アジア様式の軍服で、スカートをはき長靴をつけている［図92］。リンガ崇拝はもともとインド古来の土着民族、先住民族の間に存在したものといわれるが、ここでは外来の民族から信仰を受けたことを示唆する。

図92　中央アジア系の人物によるリンガ崇拝（マトゥラー）

三つ目の例は、長いリンガから結髪の男の頭が出てきているものである。リンガは、煉瓦で高く積み上げられた台座の上に立つ。後ろにアシュヴァッタ樹（菩提樹と同種）がある。左側に、異形のヤクシャ（夜叉）が矮人《わいじん》（これもヤクシャを示す）を伴い、左方に向かって立っている。その方角に、足を覆うほどの長い衣服を着た一女性（欠損）がいて、壺のようなものを手に持ち崇拝の姿勢をとっている［図93］。リンガから顔が出ているのは、それがシヴァ神であることを証する。

以上の作例から、リンガ崇拝と仏塔崇拝との類似点を見てみよう。

まず、欄楯に囲まれていることである。ここにあげたリンガ崇拝図では、リンガ自体に欄楯が巡らされていて、基壇があるのかどうかはっきりしない。しかしながら、リンガの代わりにそこへ仏塔を置いても、何ら異常ではない。

次に、樹木と結びついている点である。前に見たように、仏塔（チャイティヤ）は樹木を意味し、不死性を表わす。リンガも不死なるものであり、ともに永遠の生命の体現として表象されたことを示す。

第三に、飛天とヤクシャが関連している。これらは仏塔でも認められる。

反対に大きな相違は、基壇とリンガのかたちである。仏塔

図93　顔の顕現したリンガに供養する女性（欠損）（マトゥラー）

図94　リンガから四方に顕現したシヴァ神像（中インド）

の基壇は円形が多く、四方形は現在のパキスタン・アフガニスタン地方が主で、インド内ではごく稀である。リンガは細長い円筒形をしていて、土饅頭型の仏塔とはどう見ても同じといえない。しかし、仏塔も太いかたちではあるが、円筒型に表わされる場合もある。

ところで、先にリンガからシヴァ神の顔が出ている例［図72］を見たが、のちには一つだけでなく四方に顔や身体を表わすようになる［図94］。こうした動きは、ジャイナ教の方にも認められる。サルヴァトーバドラ（すべての点で喜ばしき像）といって、塔型・リンガ型（台座はヨーニに似る）の石柱の四方に、四人の主要な聖者たちの像を配して刻む仕方がなされる［図95］。

図95　ジャイナ教のリンガ・ヨーニ型の四方聖者像

それは仏塔の方でも、同じ動きを示す。たとえば前に示したアジャンター第一九窟の例［図70］では、仏像が四方にあるわけではないが、四隅に切り込みを持つ方形の基壇に多くの仏像と菩薩像が刻まれる。方形であることは、四方に対する意識が働いており、四面のリンガと同じ観念のあることを暗示する。これは、密教のマンダラなどで展開される四方仏、五仏などの考えにつながるものである。

仏塔が完全にリンガと結合した例は、時代はずっと下がるが、ネパールのスヴァヤンブーナート寺院のまわりに見ることができる。ここでは四方四仏が仏塔のまわりに配され、その下には女性のシンボルであるヨーニが設置されている［図96］。リンガの多くはヨーニと結合されるが、ここでは仏塔において認められるのである。

図96　リンガ・ヨーニ型仏塔（カトマンドゥ）

しかし、そもそも仏塔は涅槃のシンボルであり、ブッダの入滅は仏塔で表現された。そこで、リンガは生のシンボル、仏塔は死のシンボルであって、両者は完全に異なるものだと主張されたりする。しかし、ブッダは死んだのではない。不死にいたったのであり、生と死を超越し、永遠なる生命体として永続し行くものとなったのである。

仏塔は、前に述べたように、インド人がひろく求めた理想郷、ひいては極楽世界を表現したものであった。仏塔にはあらん限りの装飾がほどこされ、浮き彫りは生の躍動に満ちあふれ、死のイメージにほど遠い。灰身滅智《けしんめっち》（身体も智慧も無い存在）とか、一切の煩悩の消滅というような、狭隘《きょうあい》な涅槃の教義を超越した世界を表わしている。

他方、リンガは文字通り、生殖・生産のシンボル、生命の根源的エネルギーの象徴である。リンガで表徴されるシヴァ神はもともと、ブラフマー神が創造し、ヴィシュヌ神が維持した宇宙を破壊する神であり、三神の一神格にすぎなかった。それがいつの間にか三神すべての機能をもつ神へと変わり、他の二神をしのぎ、ヒンドゥー教の中心的神格になる。

シヴァ寺院を訪ねると、今はもう遺跡でしかない仏教の塔院窟、仏塔を祀る祠堂（チャイティヤ堂）に来たかのような錯覚を覚える。仏塔が祀られていたところにリンガが鎮座している、といってもよいからである。

西インドの仏教の石窟寺院はほとんど廃墟と化し、人々のピクニック場になっている。そのいくつかは地域の人々によって仏塔はリンガに変えられ、信仰の対象とされている。また、石窟寺院の前壁にはヒンドゥーの女神が刻まれ、赤い粉が塗られ礼拝されている。仏塔がリンガ化され、仏教寺院がヒンドゥー寺院へと変えられている。

ブッダは、周知のように、ヴィシュヌ神の十化身の第九番目の化身とされ、ヒンドゥー教のなかに吸収された。それがここでは仏塔のリンガ化によって、ブッダがシヴァ神になったことを物語る。仏教のヒンドゥー化はさらに推し進められ、仏教のインドからの消滅にますます拍車が加えられた。

## 三、仏塔とマンダラ

仏塔の四方や八方に仏像、菩薩像、女神像などが配されると、明らかにのちの密教の五仏の考えが作用し、仏塔のマンダラ化を示す。

マンダラのことをチベット語でキンコルと呼ぶが、それは中心を廻るもの、同心円と中心を同じくする正方形からできたものを意味する。瞑想の対象とされ、種々の儀礼に用いられる。前に話したように、仏塔自体瞑想の対象であり、自らが仏に成るための手段とされた。したがって、仏塔のマンダラ化はごく自然な歴史的展開ということができる。

仏塔を平面図で示したものがマンダラといってよい。マンダラは仏塔と比べれば非常に複雑であるが、基本的には覆鉢の円形や四方の塔門（門楼《もんろう》）などの構造をそのまま継承し、発展させたものにすぎない。

図97　四仏型仏塔（ラトナギリ）

図98　ダーメク塔（サールナート）

四方に仏像をもつ仏塔の作例は各地にあるが、ここではオリッサ州のラトナギリのものを見てみよう。基壇は台形状の方形で、宝瓶の模様などの装飾が施されている。覆鉢は二層から成る。下段の四方に龕《がん》が設けられ、四仏が配されている［図97］。

ここでは刻まれていないが、覆鉢の中央には本初仏《ほんしょぶつ》としてのビルシャナ仏（大日如来）が内在しているものと考えられていて、金剛界マンダラの中心部を立体的に表現したものといえる。それがさらに四方仏に従う菩薩たち、あるいは妃（明妃《みょうひ》）たちが加えられるようになると、八方に龕が付けられるようになるわけである。

八方への意識を示した仏塔として、サールナートのダーメク塔（ダメーク塔とも呼ばれる）が挙げられる（サールナートにはアショーカ王建立の「ダルマラージカー塔」の跡がある。こともあろうに、石棺内の舎利壺や副葬品はガンジス河に流された。考古学者の手に渡っていたら、と残念に思わずにいられない）。

ダーメクの語源についてはよく分からない。ダルメークシャー（法の眼、法の観察）から来たとかダルマチャクラ（法輪）から由来するとかいわれる。この地でブッダは法（真理）を見極め観察し、初めて説法し、すなわち法の輪をまわした。それを記念して建てられたというわけである。二層から成り、平頭と傘蓋の部分は崩壊しているが、高さは四二・〇六メートル、底辺の直径は二八・五〇メートルの巨大な塔である［図98］。基壇の八方（四方四維）は大きな八個の蓮《れん》華《げ》弁《べん》にかたどられ、龕《がん》が設けられている。今は空洞になっている。覆鉢のまわりは鳥や人物像をともなう波状の唐草模様や卍型の幾何学模様などで美しく装飾されている。製作されたのはグプタ時代（後四～七世紀）とされる。塔の中から「縁《えん》起《ぎ》法頌《ほうじゅ》」を刻んだ石板が出土している。

図99　胎蔵マンダラの中心（中台八葉院）

　八個の龕にはどのような仏・菩薩が祀られていたのか。近くの博物館に収蔵されている仏像を見ても確かめることは難しい。過去七仏に未来仏の弥勒仏を加えたもの、十方諸仏の上と下を省略したもの、密教の四方四仏のいずれかであろう。しかし、塔は胎蔵マンダラの八蓮華弁、五仏（四仏四菩薩）の配置や構成［図99］と類似しているのも見逃せない。

　時代は飛ぶが、構造的には、ネパールのスヴァヤンブーナート塔に見るような立体マンダラの先駆をなすものといえるかも

図100　スヴァヤンブーナート塔（カトマンドゥー）

しれない。首都カトマンドゥから西へ約三キロ、丘の上に黄金に輝く眼を持つ巨大な塔がある〔図100〕。ネパール最大の塔で、俗に「目玉寺」と称され、カトゥマンドゥー盆地を四方の眼で見回している。眉毛の中間に白毫相《びゃくごうそう》をつけ、鼻は字のように描かれている。

　平頭に目玉のあるのは、塔が人物そのものを表わしていることを物語る。法華経において、巨塔が生きた仏とされたのと同じである。注目されるのは、基壇と覆鉢下部にかけて九個の大きな龕が設けられていることである。これはマンダラの中核をなす五仏の配置に基づいている。本来は中央に置かれるはずの大日如来が、東の阿閦仏《あしゅくぶつ》の脇、やや東南の龕に祀られている。南に宝生《ほうしょう》仏、西に阿弥陀仏、北に不空成就《ふくうじょうじゅ》仏（釈迦仏）がそれぞれの龕に祀られている。それら五仏を統括するアーディ・ブッダ（本初仏）、すなわち宇宙最初の仏は、上の平頭《びょうず》（ハルミカー）のところに鎮座するものと想定され、目玉はその本初仏の眼ということになる。また、四維の龕には四仏の妃神（明妃）たちが祀られている。これは完全な立体マンダラを表わす。

仏塔の眼についてはいろいろに論じられるが、ブッダが「世界の眼」と呼ばれていたことにも関連しよう。いずれにせよ、大きく見開いた眼は、死者のイメージや涅槃の静寂の世界とは無縁で、生き生きとし活力あふれる生者を表わしている。

スヴァヤンブーとは、宇宙の原初に「自ら生まれたもの」を意味し、宇宙の創造主ブラフマー神を指している。前に触れたように、マトゥラーから「ピターマハ（ブラフマー神）」という名の仏像が出土している。ブッダがブラフマー神と同一視されたことを示す。

このようにして、ブッダはヴィシュヌ神のみならず、シヴァ神、さらにはブラフマー神とも同一視されたことを物語る。

サールナートの菩薩像や仏像はマトゥラーのものと酷似し、文化的交流があった。それは思想の上でも同じであったろう。サールナートが仏法のみならず、宇宙主なる仏、原初仏（本初仏）の発信地であった、と考えてもおかしくない。ダーメク塔の形体自体、原初仏の姿を表現しようとしていた、といっても過言であるまい。

# 図版出典


図 2 中村元編著 一九八〇『ブッダの世界』学習研究社

図 3 *Indian Archaeology : A Review* 1957-58.

図 4・図 40・図 74 O.Karow.1989 : *Symbolik des Buddhismus (Tafelband)*, Stuttgart.

図 5 上野照夫編 一九八六『カルカッタ美術館』（世界の美術館32）講談社

図 6 *Archaeological Survey of India, Annual Report* 1906-07.

図 7・図 51・図 52 R.Knox. 1992 : *Amarāvatī: Buddhist Sculpture from the Great Stūpa*, London.

図 8 *Ancient India No.9*, 1953.

図 9 高田修 一九六九『仏教美術史論考』中央公論美術出版

図 10・図 11 J.F.Staal (ed.) 1983 : *Agni : The Vedic Ritual of Fire Altar, 2 vols,* Berkeley.

図 12 G.S.Sharma. 1960 : *The Excavations at Kauśāmbī 1957-59*, Allahabad.

図 14 B.Rowland. 1967 : *The Art and Architecture of India*, Penguin Books Ltd., 3rd ed.

図 15 J.Marshall & A.Foucher. 1940 : *The Monuments of Sāñchī : Vol.II,* Calcutta.

図 16・図 23・図 25・図 28・図 31 沖守弘・伊東照司 一九九一『原始仏教美術図典』雄山閣

図 17 J.Fergusson. 1899 : *History of Indian and Eastern Archaeology, Vol. 1*, New York.

図 18（原本では逆さになっている）・図 61・図 62 ・図 65 S.Nagaraju. 1981 : *Buddhist Architecture of Western India*, Delhi.

図19・図24・図26・図27・図29・図32・図73　A.N.Coomaraswamy. 1956 : *La Sculputre de Bharhut*, Paris.

図20・図63（イラスト）・図86　V.S.Agrawala. 1965 : *Indian Art*, Varanasi.

図21・図36・図37・図44・図46・図47・図48　栗田功　二〇〇三『ガンダーラ美術』2巻、二玄社（改訂増補版）

図30・図58　H.G.Franz. 1965 : *Buddhistische Kunst Indiens*, Leipzig.

図33・図34・図35・図38・図53・図63・図76・図92　二〇〇〇『世界美術大全集・東洋編13・インド(1)』小学館

図35・図36　イラスト　アルフレッド・フーシェ著／杉本卓洲監修／門脇輝夫訳　一九九三『仏陀の前生』東方出版

図39　*Archaeological Survey of India, Annual Report* 1929-30.

図42　D.Mitra. 1971 : *Buddhist Monuments*, Calcutta.

図43　一九八四『パキスタン・ガンダーラ美術展図録』NHK

図45　*Archaeological Survey of India, Annual Report* 1908-09.

図54　T.N.Ramachandram. 1962 : *Buddhist Sculptures from a Stūpa near Goli Village*, Madras.

図55・図56・図78（下図）P.R.Ramchandra Rao. 1956 : *The Art of Nāgārjunakonda*, Madras.

図68・図69・図72・図77　佐藤宗太郎　一九八四『インド石窟寺院』東京書籍

図71　高田修・上野照夫　一九六五『インド美術』Ⅱ、日本経済新聞社

図75　L.A.Govinda. 1976 : *Psycho-cosmic Symbolism of the Buddhist Stūpa*, California.

図78（上図） A.K.Coomaswamy. 1935 : *La Sculpture de Bodhgayā*, Paris.
図79 R.C.Sharma. 1995 : *Buddhist Art : Mathurā School*, New Delhi.
図80・図81・図82 K.A.Behrendt. 2004 : *The Buddhist Architecture of Gandhāra*, Leiden.
図83・図84 H.Sarkar. 1966 : *Studies in Early Buddhist Architecture of India*, Delhi.
図87 V.A.Smith. 1901 : *The Jain Stūpa and Other Antiquities of Mathurā*, Allahabad.
図88・図90 高田修 一九六七『仏像の起源』岩波書店
図89 絵葉書（インド版）
図91 N.P.Joshi. 1966 : *Mathurā Sculpture*, Mathura.
図93・図94 M.W.Meister (ed.) 1984 : *Discourse on Śiva*, Philadelphia.
図97 頼富本宏 一九九〇『密教仏の研究』法藏館

その他は筆者によるもの、大法輪閣所蔵写真

# 参考文献

アルフレッド・フシェ著／前田耕作監修／前田龍彦・前田寿彦訳　一九八八『ガンダーラ考古游記』同朋舎
アルフレッド・フーシェ著／杉本卓洲監修／門脇照夫訳　一九九三『仏陀の前生』東方出版
石川栄吉・岩田慶治・佐々木高明　一九八五『生と死の人類学』講談社
岩本裕　一九七八『仏教説話の源流と展開』開明書院
小谷仲男　一九九六『ガンダーラ美術とクシャン王朝』同朋舎
桑山正進訳　一九八七『大唐西域記』（『大乗仏典』中国・日本篇九）中央公論社
肥塚隆・宮治昭編　二〇〇〇『世界美術大全集　東洋編13　インド(1)』小学館、
佐々木閑　二〇〇〇『インド仏教変移論』大蔵出版
定方晟　一九八五『インド宇宙誌』春秋社
定方晟　一九九八『異端のインド』東海大学出版会
静谷正雄　一九七四『初期大乗仏教の成立過程』百華苑
静谷正雄　一九七八『小乗仏教史の研究』百華苑
下田正弘　一九九七『涅槃経の研究』春秋社
杉本卓洲　一九八七「インド宗教にみる像供養」『金沢大学文学部論集　行動科学科篇』第七号
杉本卓洲　一九九三『インド仏塔の研究』（第二版）平楽寺書店
杉本卓洲　一九九三『菩薩』平楽寺書店
杉本卓洲　一九八九「女性の菩薩」『金沢大学文学部論集 行動科学科篇』第九号

杉本卓洲　一九八九「女性の菩薩とそのモデル」『宗教研究』第六三―一号
杉本卓洲　一九九三「僧院内の仏塔および仏像崇拝」『渡辺文麿博士追悼論集・原始仏教と大乗仏教』永田文昌堂
杉本卓洲　一九九三「捨身菩薩の舎利塔」田賀龍彦編著『法華経の受容と展開』平楽寺書店
杉本卓洲　一九九三『『郁伽長者所問経』にみえる菩薩たち」『印度哲学仏教学』第八号
杉本卓洲　一九九五「般若経にみえる仏舎利および経典崇拝」『北陸宗教文化』第七号
杉本卓洲　一九九五「法蔵部と仏塔崇拝」『印度哲学仏教学』第一〇号
杉本卓洲　一九九六「有部教団と仏塔および仏像崇拝」『今西順吉教授還暦記念論集・インド思想と仏教文化』春秋社
杉本卓洲　一九九九「マトゥラーにおける仏像崇拝の展開（その3）」『金沢大学文学部論集 行動科学・哲学篇』第一九号
高田修　一九六九『仏像の起源』岩波書店
高田修　一九六九『仏教美術論考』中央公論美術出版
高田修　二〇〇四『仏教の説話と美術』講談社
田辺勝美　二〇〇六『仏像の起源に学ぶ性と死』柳原出版
田辺勝美　二〇〇六『毘沙門天像の起源』山喜房仏書林
塚本啓祥　一九八六『法華経の成立と背景』佼成出版社
塚本啓祥　一九九六・一九九八・二〇〇二『インド仏教碑銘の研究』（全三巻）平楽寺書店
塚本啓祥　二〇〇一『インド仏教における虚像と実像』山喜房仏書林
中村元　一九九五『仏教美術に生きる理想』（『中村元選集　決定版』第二三巻）春秋社

ハインリッヒ・ツインマー著／宮元啓一訳　一九八八『インド・アート〔神話と象徴〕』せりか書房
平川彰　一九八九・一九九〇『初期大乗仏教の研究』（『平川彰著作集』第三・四巻）春秋社
平山彰　一九八九『大乗仏教の教理と教団』（『平川彰著作集』第五巻）春秋社
平岡聡　二〇〇二『説話の考古学』大蔵出版
松長有慶編著　一九九八『インド密教の形成と展開』法藏館
水谷真成訳　一九七一『大唐西域記』平凡社
宮治昭　一九九二『涅槃と弥勒の図像学』吉川弘文館
宮治昭　一九九六『ガンダーラ　仏の不思議』講談社
村上真完　一九八四『西域の仏教』第三文明社
森雅秀　二〇〇六『仏のイメージを読む―マンダラと浄土の仏たち―』大法輪閣
山崎元一　一九九四『古代インドの王権と宗教』刀水書房
頼富本宏　一九九〇『密教仏の研究』法藏館

Agrawala,V.S. 1965 : *Indian Art, Varanasi.*
Behrendt,K.A. 2004 : *The Buddhist Architecture of Gandhāra*, Leiden-Boston.
Dallapiccola,A.L.ed. 1980 : *The Stūpa; Its Religious, Historical and Architectural Significance*, Wiesbaden.
Franz,H.G. 1965 : *Buddhistische Kunst Indies*, Leipzig.
Knox,R. 1992 : *Amarāvatī; Buddhist Sculpture from the Great Stūpa*, London.
Kottkamp,H. 1992 : *Stūpa als Reprasentation des buddhistischen Heilsweges*, Wiesbaden.
Marshall,J./Foucher,A. 1940 : *The Monuments of Sāñchī,3 vols*, Calcutta (Repr.Delhi 1982).

Nagaraju,S. 1981 : *Buddhist Architecture of Western India* (c.250 B.C.-c.A.D300) , Delhi.

Ramachandram,T.N. 1962 : *Buddhist Sculptures from a Stūpa near Goli Village,* Guntur District, Madras.

Roth,G. 1986 : *Indian Studies (Selected Papers),* Delhi.

Sarkar,H. 1966 : *Studies in Early Buddhist Architecture of India,* Delhi.

Schopen,G. 1997 : *Bones,Stones and Buddhist Monks,* Honolulu.

Sharma,G.R. 1960 : *The Excavations at Kauśambī 1957-59,* Allhabad.

Sharma,R.C. 1984 : *Buddhist Art of Mathurā,* Delhi.

Smith,V.A. 1969 : *The Jain Stūpa and Other Antiquities of Mathura,* Varanasi-Delhi.

Srivastava,K.M. 1986 : *Buddha's Relics from Kapilavastu,* Delhi.

Staal,J.F. (ed.) 1983 : *Agni: The Vedic Ritual of the Fire Altar,2 vols,* Berkeley.

Subrahmanyam,B. 1998 : *Buddhist Relic Caskets in South India,* Delhi.

Tucci,G. 1932 : *Stūpa ; Art, Architectonics and Symbolism,* Rome (English version of INDO-TIBETICA I,Tr. by Vesci, U.M./Ed. by Chandra, L. 1988, New Delhi)

Willis, M. 2000 : *Buddhist Reliquaries from Ancient India,* London.

# あとがき

仏塔は謎に満ち、その謎はふくらむばかりである。それらをすべて解き明かすことは至難というほかない。道ははるかに遠い。仏塔には古代インドの宇宙生成の神話や豊饒儀礼《ほうじょうぎれい》等に根ざした実に多くの意味、種々の機能がこめられ、シンボル複合体と呼ぶにふさわしい。

一般に仏塔は在家信者の崇拝対象で、出家の僧たちの関与しないものであった、といわれる。たしかに仏典には、ブッダの葬儀、遺骨の供養、仏塔建立などはみな在家の人たちが行なうことだから、僧はタッチしなくともよい、とある。ところが実際は、僧のアーナンダがすべて取り仕切っているし、火葬の点火にはマハーカッサパという僧が関与している。本当に僧たちが関わることなしに執行されたのであろうか。

そもそも仏塔の起源がよく分からない。土饅頭のかたちをしているが、それがどこから来たのか。中心の柱が何に由来するのか。考古学的にその前史をたどるのが難しい。火葬後、遺骨を蔵骨器（骨蔵器）に納め、墳墓に埋葬して祀《まつ》るという葬法が、はたしてブッダ時代に存在していたのか。ブッダより前に亡くなったサーリプッタやモッガラーナの舎利塔はなかったのだろうか。いつ頃から始まったのか定かでないが、遺骨をガンジス河に流すという今日の方式と対比させると、仏塔は例外も例外、インド文化の異常現象なのである。

仏塔は遺骨を納めた墳墓の一種であり、エジプトのピラミッド、中国の陵《りょう》、日本の古墳などと対比できるものである。ところが、仏塔だけ王や権力者の墓ではない。インドにもアショーカをはじめ数多くの権力者がいたはずなのに、彼らの墓はいまだ明らかにされていない。これは大きな謎というほかない。壮大な廟墓《びょうぼ》をみるのは、イスラーム侵入以降である。

仏塔は、仏教徒のブッダに対する思慕と信仰によって意義づけられ、発展した。彼らが相い集い、アイデンティティーを確かめ合うのは、まさにこの仏塔においてであった。しかし、仏教本来の教義からみれば、仏舎利や仏塔を崇拝することなど理に反していた。

ブッダの身体といえども五蘊《ごうん》の仮和合《けわごう》（身体と心のはたらきの仮の集合体）にすぎず、遺体や遺骨など実体視することはできない。涅槃《ねはん》とは一切の消滅・寂滅を意味し、涅槃後は心身ともに無に帰するはずである。無我《むが》とは「わがもの」という意識を捨て、執着なきことを意味している。ブッダの舎利をわがものにしようとして争ったことや、舎利への執着は仏教の基本的教理に真っ向から違反している。

「如来は死後存在するや否や」とバラモン青年に問われ、ブッダはそういう問題は涅槃のためにならないとして解答を拒否した。毒矢に射られた男が矢をすぐ抜かずに、毒矢の素材や製法、作った者の素性やカーストなどをあれこれと詮索《せんさく》するようなものである。現前の問題に取り組むべきで、死後の存在などを論議するのは、愚かなこととされた。

それに加えて、ブッダ自身、自分の遺骨が塔に祀られ崇拝されようとは、想像もしなかったことであろう（ブッダは自ら自分の葬儀方法を教示したと経典にあるが、本当にそうだったのだろうか）。しかしながら、現実は師の教えにそむくものである。尼僧をはじめ、経典に精通し、修行（苦行）にはげむ僧たちが仏塔に種々に関わり、積極的に仏塔に寄進をし、率先して礼拝し、瞑想の対象とした。僧たちこそ仏塔発展の担い手といえるほどである。もちろん、在俗信者はいうまでもない。仏塔は仏そのものであって、仏塔を崇拝することは生《しょう》天《てん》（天界に生まれること）を越え、涅槃（悟り）を得ること、仏と成ることを意味していた。

大乗仏教の起源は大問題であるが、かつて仏塔崇拝がそれに大きく関連していると主張された。しかし、部派仏教（いわゆる小乗仏教）の方がより重視していて、仏塔が部派と大乗の分岐点をなすという説は成り立ちそうにない。大乗教徒は仏塔崇拝より経典の創作運動にうちこんだ人たちといえるが、彼らがどこから現われ、教団化していったのかを探ることが問題を解く鍵になりそうである。しかし、彼らとて仏塔を無視したわけではなく、仏塔がからんでいたことは否定できない。

仏教の伝播とともに仏塔は各地に建立され、その広がりはそのまま仏教の拡大・流布を意味している。インドから中央アジアをへて日本へと伝わるにつれて、土饅頭のかたちは楼閣型など種々のものへと変わり、そして五重塔へとたどり着く。まさにコペルニクス的展開に等しい。

他方、ネパールには目玉つきの仏塔、チベットには独自のかたちのチョルテン、東南アジアには釣鐘型《つりがねがた》のダーガバやパゴダ、インドネシアには立体マンダラのボロブドゥール大塔といった具合に、眼がくらむほどの大展開をみる。仏塔変遷の探求は、壮大な世界的文化史の構築につながるものといえよう。仏塔の研究はまだまだ道ははるかである。


仏塔を見るとき心身は自然と清められ、沈静の世界へと導かれる。憧憬と歓喜を呼び起こされ、心柱をたどり天空を仰げば、おのずから無限の世界へと雄飛していく。しかし、仏塔は上昇のみを志向するものではない。もともと大地に根ざし、大地への志向が働いていた。仏塔は天空への飛翔と大地への沈殿との結合体といってよい。そしてさらには、わたしたちを「色即是空《しきそくぜくう》・空即是色《くうそくぜしき》」の境地（現実と理念の融合世界）へと誘うものである。

仏舎利の奪い合いの伝説が明らかにしているように、仏塔の建立は部族同士の争いをしずめるための機縁となった。仏塔はまさしく和平のシンボル、心の沈静のシンボルである。仏塔をはぐくみ、護持していくことは、わたしたちが平和をまもり、こころの平安をかち得ていくことを意味している。

本書は「仏塔の話―ブッダを慕いて―」と題して、北陸工業新聞社（金沢）発行の「建設工業新聞」に連載したものを、大幅に短縮・修正したものである。主にインド内の仏塔を取り扱った。筆者のこれまでの研究成果の一端をかいつまんで紹介したものである。インドという巨象のしっぽにさわっただけのこと、いやしっぽと思いながら別のものを追いかけているかもしれない。その点は読者のかたがたより忌憚なき批判・叱正を仰ぐほかない。かえってそれが機縁となり、仏塔に関心を寄せ、その究明に乗り出すような人が現われてくれれば、それはわたしにとって望外の喜びである。

最後に、本書の出版に際し、大法輪閣編集部のかたがた、とりわけ小山弘利氏には並々ならぬお世話をいただいた。心から感謝申し上げたい。

平成十九年（二〇〇七年）四月八日

杉本　卓洲しるす

杉本　卓洲（すぎもと・たくしゅう）

1935 年　山形県に生まれる
1958 年　東北大学文学部卒業
1963－1967 年　インド政府奨学金留学生としてパトナ大学（ビハール州）に留学
1967 年　Ph.D.（パトナ大学）
1969 年　東北大学大学院博士課程退学
1969－2006 年　東北福祉大学・金沢大学・金城大学にて教鞭をとる
1982 年　文学博士（東北大学）
現　在　金沢大学名誉教授

著　書『インド仏塔の研究』（1984 年、第 2 刷 1993 年、平楽寺書店）、『菩薩』（1993 年、同）、『五戒の周辺』（1999 年、同）など。



## ブッダと仏塔の物語

平成 19 年　6 月 10 日　第 1 刷発行 ©

著　者　杉　本　卓　洲
発行人　石　原　大　道
印刷所　三協美術印刷株式会社
製　本　株式会社　若林製本工場
発行所　有限会社　大　法　輪　閣
東京都渋谷区東 2－5－36　大泉ビル 2F
TEL　(03) 5466-1401(代表)
振替　00130-8-19 番

ISBN978－4－8046－1253－9　C0015　Printed in Japan